KB237634

# 십자가 학교에서의 40일

– '십자가의 도' 를 배우는 묵상기記

# 십자가 학교에서의 40일
### – '십자가의 도' 를 배우는 묵상기記

泉岩 김평수 목사 지음

신교횃불

"누구든지 제 목숨을 구원하고자 하면 잃을 것이요 누구든지 나를 위하여 제 목숨을 잃으면 구원하리라."(눅 9:24)

제자는 스승의 길을 전수받아 스승의 길을 가는 자입니다. 성도는 예수의 길을 전수받아 예수의 길을 가는 자입니다. 죄인을 찾아오신 예수는 먼저 12제자를 세우셨습니다. 부름을 받은 12제자 중 가룟 유다 외에 11제자가 주를 위하여 살았고 주를 위하여 죽었습니다. 우리는 주를 위하여 살고 주를 위하여 죽는 자입니다. 가룟 유다처럼 배신자, 배반자는 제자가 아닙니다.

제자는 스승의 생각과 말과 뜻을 가지고 사는 자입니다. 예수의 생각과 말과 뜻을 가지고 사는 자입니다. 예수의 생각과 말과 뜻은 "천국건설"입니다. 우리 주 예수 그리스도는 이를 위하여 세상에 찾아오셨고, 성경을 기록하여 주셨으며 교회를 세워주셨고, 우리를 선택하여 불러 주셨습니다. 그는 천국건설을 위하여 복음을 전파하셨습니다. 그리고 사랑하는 제자들에게 유언하셨습니다.

"예수께서 나아와 말씀하여 이르시되 하늘과 땅의 모든 권세를 내게 주셨으니 그러므로 너희는 가서 모든 민족을 제자로 삼아 아버지와 아들과 성령의 이름으로 세례를 베풀고 내가 너희에게 분부한 모든 것을 가르쳐 지키게 하라 볼지어다. 내가 세상 끝 날까지 너희와 항상 함께 있으리라 하시니라."(마 28:18-20)

"가라! 제자로 삼아라! 세례를 베풀라! 가르치라! 지키라!" 고 유언하셨습니다. 그리고 "세상 끝 날까지 항상 함께 있으리라"고 약속하셨습니다.

성육신하신 그리스도 예수의 꿈은 천국건설입니다. 심령의 천국, 가정의 천국, 교회의 천국, 사회의 천국, 국가의 천국, 인류의 천국 건설입니다. 우리의 꿈 또한 천국건설입니다. 심령의 천국, 가정의 천국, 교회의 천국, 사회의 천국, 국가의 천국, 인류의 천국건설입니다.

바울은 루스드라에서 천국복음을 전하다가 돌에 맞아 죽었습니다. 사탄의 종이 된 유대인들은 자기들이 죽인 바울을 성 밖으로 내던져버렸습니다. 그러나 아직도 할 일이 남은 바울은 다시 살아났습니다. 그 이튿날, 온 몸이 만신창이가 된 몸을 이끌고 더베로 가서 천국복음을 전했습니다. 그 결과, 많은 사람을 제자로 삼았습니다. 예수의 제자인 목회자는 천국건설을 위하여 생명을 걸어야 합니다. 일사각오로 천국을 건설해야 합니다.

교회는 제자 공동체로서 사람을 살리고, 사람을 키우며, 사람을 세우는 비전의 공동체입니다. 교회는 영적 전투에서 반드시 싸워 이겨야 합니다. 이기면 천국이요 지면 지옥입니다. 영적 고지를 점령하면 됩니다.

기독교는 십자가의 도입니다.
십자가는 하나님의 사랑과 공의입니다.
십자가가 없는 종교는 참 종교가 아닙니다.
십자가가 없는 교회는 참 교회가 아닙니다.
십자가가 없는 성도는 참 성도가 아닙니다.
십자가가 없는 일은 참 일이 아닙니다.
십자가만 참입니다.

2017. 11. 18.

泉凢 김평수

## 목차

## 째날
# 그리스도의 3액체
(눅 22:44, 요 19:34-37, 히 5:7)

그리스도의 생애는 땀과 눈물과 피의 생애입니다. 그리스도의 3액체는 생명의 결정체입니다. 그리스도의 3액체는 어둠과 죽음과 지옥의 고통으로부터 생명과 능력, 자유와 평화, 기쁨과 안식, 평강과 승리, 구원과 영생을 주었습니다.

## 1. 그리스도, 땀을 흘리시다

"예수께서 힘쓰고 애써 더욱 간절히 기도하시니 땀이 땅에 떨어지는 핏방울 같이 되더라."(눅 22:44)

그리스도가 흘리신 땀은 인간들처럼 먹고 살려고 힘쓰고 애써 흘린 땀이 아닙니다. 주린 배를 채우려고 힘쓰고 애써 흘린 땀도 아닙니다. 불쌍하고 가련한 자를 위하여 흘린 땀도 아닙니다. 쓸쓸하고 적막한 겟세마네 동산에서 죄인들의 문제의 답을 주시려고 힘쓰고 애써 기도하시며 흘린 땀입니다. 이 땀은 하나님의 뜻을 이루어 드리는 땀입니다.

"내 아버지여 만일 할 만하시거든 이 잔을 내게서 지나가게 하옵소서 그러나 나의 원대로 마옵시고 아버지의 원대로 하옵소서."(마 26:39)라고 힘쓰고 애써 기도하셨습니다. 이렇게 힘쓰고 애써, 애절하고 간절한 필사의 기도에 피땀이 흘러 땅에 떨어졌습니다.

땀은 노동의 결과입니다. 땀은 육신의 삶의 양식입니다. 그러므로 육신의 수고의 땀이 없으면 우리의 몸이 먹고 살아야 할 열매도 없습니다.

그러므로 그 열매를 거두기를 원하는 자는 수고의 땀을 흘려야 합니다. 땀 흘려 일해야 열매를 거둘 수 있습니다. "일하기 싫거든 먹지도 말라"고 했습니다. 땀 흘려 일할 수 있는 일터와 일감이 있는 사람은 행복한 사람입니다.

그러나 보다 더 중요한 일이 있습니다. 먼저 해야 할 일이 있습니다. 그리스도가 겟세마네 동산에서 힘쓰고 애써 기도하신 그 기도가 먼저 있어야 합니다. 간절히 애절히 기도하신 그 기도가 먼저 있어야 합니다. 피땀 흘려 기도하신 그 기도가 먼저 있어야 합니다.

힘쓰고 애쓰는 기도 없이는 자기를 이길 수 없습니다. 사정과 실정과 처지와 형편을 이길 수 없습니다. 환경과 현실과 현세와 대세를 이길 수 없습니다. 환난과 핍박과 역경과 고난을 이길 수 없고, 험악한 세상을 이길 수 없습니다. 우는 사자처럼 입을 벌리고 삼킬 자를 두루 찾고 있는 사탄의 권세, 어둠의 권세, 세상의 권세, 죽음의 권세, 지옥의 권세를 이길 수 없습니다. 그러나 믿음의 기도는 홍해를 가릅니다. 옥문을 엽니다. 산을 옮깁니다. 사탄과 세상과 자기를 이깁니다.

기도는 땀을 흘리는 신령한 노동이요 생명입니다. 기도는 모태 줄이요 영혼의 호흡입니다. 기도는 천국 문을 여는 열쇠입니다. 기도 없이 신앙의 유지도 어렵고 신앙생활도 어렵습니다. 그래서 성경은 항상 기도하라, 쉬지 말고 기도하라, 무시(無時)로 기도하라고 말씀하셨습니다. 기도에 생명을 걸어야 합니다. 우리 주 예수 그리스도를 본받아 힘쓰고 애써 기도해야 합니다. 간절히, 애절히 기도해야 합니다. 이마와 등에 땀이 흘러나오도록 기도해야 합니다. 믿음의 기도는 홍해를 가릅니다. 무릎을 꿇으면 삽니다. 기도 외에 다른 유가 나갈 수 없습니다. 여기에 생흥승행(生興勝幸)의 길이 있습니다.

## 2. 그리스도, 눈물을 흘리시다


> "그는 육체에 계실 때에 자기를 죽음에서 능히 구원하실 이에게 심한 통곡과 눈물로 간구와 소원을 올렸고 그의 경건하심으로 말미암아 들으심을 얻었느니라."(히 5:7)

그리스도의 눈물은 아프고 고통스러워 흘린 눈물이 아닙니다. 고독하고 외로워 흘린 눈물도 아닙니다. 원통하고 분하여 흘린 눈물도 아닙니다. 불쌍하므로 동정하여 흘린 눈물도 아닙니다. 우리 아버지 하나님의 뜻을 이루는 눈물이었습니다. 그리스도는 그 생애에 세 번 눈물을 흘리셨습니다.

첫째는 오라버니 나사로가 죽었을 때 마르다와 마리아가 우는 것을 보시고 눈물을 흘리셨습니다. 이 눈물은 "사랑의 눈물"입니다. 그리스도의 사랑의 눈물이 죽은 나사로를 살리셨습니다. 사랑의 눈물은 사람을 살리는 생명력이 있습니다.

둘째는 예루살렘 성을 보시고 눈물을 흘리셨습니다. 예루살렘이 멸망할 것을 아시고 눈물을 흘리셨습니다. 이 눈물은 "긍휼의 눈물"입니다.

> "가까이 오사 성을 보시고 우시며."(눅 19:41)

지금도 그리스도는 인간들의 완악함으로 멸망할 것을 보시고 긍휼의 눈물을 흘리십니다. 그리스도의 긍휼의 눈물이 없으면 인간들의 몸과 마음의 아픔, 육체와 영혼의 아픔의 위로도 없고 치유도 없습니다. 그리스도의 긍휼의 눈물은 몸과 마음이 병든 자를 위로하는 치유의 능력이 있습니다.

셋째는 겟세마네 동산에서 기도하시면서 눈물을 흘리셨습니다. 이 눈물은 하나님의 뜻을 이루는 눈물입니다. 죄인의 구원을 위하여 흘린 눈물입니다. "은혜의 눈물"입니다. 그리스도의 은혜의 눈물이 없이는 그리스도인은 한 시도 살 수 없습니다. 그 은혜의 눈물로 살아왔고 살고 있으며, 살아가고 있습니다. 그 은혜의 눈물은 죄인을 구원하는 능력이 있습니다. 그러므로 우리 주 예수 그리스도를 믿는 그리스도인 또한 그리스도처럼 하나님의 뜻을 이루는 은혜의 눈물을 흘려야 할 것입니다.

그리스도의 사랑의 눈물과 긍휼의 눈물과 은혜의 눈물을 흘려야합니다. 그리스도는 우리를 향하여 "나를 위하여 울지 말고 너희와 너희 자녀를 위하여 울라"고 말씀하셨습니다. 한국 교회에는 눈물이 많습니다. 목회자의 위선과 교만 때문에 순진한 교인들이 눈물을 흘리고, 교만하고 거짓된 교인 때문에 착하고 충성된 목회자들이 눈물을 흘립니다. 참으로 괴롭고 슬픈 일입니다.

그리스도인은 눈물을 흘려야 합니다. 교회와 교인들을 위하여 눈물을 흘려야 합니다. 우리와 우리 자녀들을 위하여 눈물을 흘려야 합니다. 사랑의 눈물과 긍휼의 눈물과 은혜의 눈물을 흘려야 합니다. 부모의 마음으로 눈물을 흘려야 합니다. 그리스도 예수의 마음으로 눈물을 흘려야 합니다. "눈물의 자식은 망하지 않는다."(암부르시우스)고 했습니다. 눈물의 그리스도인은 망하지 않습니다. 반드시 생(生), 흥(興), 승(勝), 행(幸), 영(永)할 것입니다.

## 3. 그리스도, 피를 흘리시다

"그 중 한 군인이 창으로 옆구리를 찌르니 곧 피와 물이 나오더라. 이를 본 자가 증언하였으니 그 증언이 참이라 그가 자기의 말하는 것이 참인 줄 알고 너희로 믿게 하려 함이니라. 이 일이 일어난 것은 그 뼈가 하나도 꺾이지 아니하리라 한 성경을 응하게 하려 함이라 또 다른 성경에 그들이 그 찌른 자를 보리라 하였느니라."(요 19:34-37)

우리 주 예수 그리스도는 우리를 구원하기 위하여 우리의 죄를 담당하고 우리의 죄를 대신하여 십자가에 못 박혀 죽으셨습니다. 그는 우리 죄인을 구원하기 위하여 네 번의 피를 흘리셨습니다. 이 피는 의인을 위한 피가 아니며 자신을 위한 피도 아니며 죄인을 구원하기 위한 피입니다.

첫째는 겟세마네 동산에서 기도 중에 흘린 피입니다(눅 22:42c) 그리스도는 문제를 가리켜 "산"이라고 말씀하셨습니다. 그러나 주님은 피 흘리도록 간절히 기도하신 후에는 그 문제를 "잔"이라고 말씀하셨습니다. 그러므로 겟세마네 동산에서 기도 중에 흘린 피는 문제의 답을 주는 피입니다.

둘째는 채찍에 맞아 흘린 피입니다. 성경을 자세히 살펴보면 주님은 세 시간 동안 채찍에 맞으셨고 9시간 동안 피를 흘리셨습니다. 왜 이렇게 채찍에 맞으셨으며 피를 흘리셨습니까?

"그가 찔림은 우리의 허물을 인함이요 그가 상함은 우리의 죄악을 인함이라 그가 징계를 받음으로 우리가 평화를 누리고 그가 채찍에 맞음으로 우리가 나음을 입었도다."(사 53:5)

이처럼 그리스도가 채찍에 맞아 흘린 피는 우리에게 신유를 주는 피입니다. 즉 우리의 몸과 마음의 아픔을 치유하는 피입니다.

셋째는 가시면류관을 쓰시고 흘린 피입니다. 주님의 좌우에 두 강도는 가시관을 쓰지 않았습니다. 오직 우리 주 예수 그리스도만 홀로 가시관을 쓰셨습니다. 왜 그리스도만 가시관을 쓰셨습니까? 범죄 한 첫째 아담에게 "땅이 네게 가시덤불과 엉겅퀴를 낼 것이라"(창 3:18a)고 말씀하셨습니다. 마지막 아담이신 우리 주 예수 그리스도께서 죄인을 구원하기 위하여 십자가에 못 박혀 죽으실 때 그 가시관을 쓰셨습니다. 이 가시관을 쓰시고 흘리신 우리 주 예수 그리스도의 피는 죄인의 저주를 씻어주는 피입니다.

넷째는 십자가에서 흘리신 피입니다. 이 피는 가장 귀중한 피입니다. 양손과 양발에 대못에 박혀 피를 흘리셨습니다. 머리에 가시관을 쓰시고 피를 흘리셨습니다. 우리가 손으로 지은 죄, 발로 지은 죄, 머리로 지은 죄를 그 피가 씻어주신 것입니다.

"내 살을 먹고 내 피를 마시는 자는 영생을 가졌고 마지막 날에 내가 그를 다시 살리리니 내 살은 참된 양식이요 내 피는 참된 음료로다."(요 6:54-55)

그리스도의 땀과 눈물과 피는 죄인을 구원하는 3액체입니다. 땀과 눈물과 피 흘림이 없이는 죄인을 구원하지 못합니다. 피는 생명입니다. 그 피로 씻음 받고 구원 받았습니다.

# 나를 기념하라 1
(고전 11:23-34)

나를 기념하라는 주님의 말씀은 그리스도께서 잡히시기 전날 밤에 유월절을 지키시며 마지막 만찬을 떡과 포도주로 제자들과 함께 잡수시면서 하신 말씀입니다.

유월절은 이스라엘 민족의 해방절, 이 날은 우리 민족의 광복절과 같은 절기입니다. 이스라엘 선조가 하나님의 은혜로 애굽의 430년의 노예에서 구출된 때의 최후의 날을 기념하기 위해 제정되었습니다.

이 절기는 민족 탄생을 의미하는 중대한 기념일이 되었습니다. 가나안력 아빕월의 10일에 1년 된 어린 수양을 택하여 14일 해질 때에 그 양을 잡고 그 피로 양을 먹을 집의 좌우 문설주와 인방에 바르고 그 밤에 고기를 불에 구워 무교병과 쓴 나물과 아울러 먹었습니다.

그 이튿날부터 1주간을 무교절로 지켰습니다.

이 유월절 어린 양은 죄인을 죄에서 구원하여 참 자유와
평화를 주신 우리 주 예수 그리스도의 모형입니다.
이는 우리 주 예수 그리스도의 만찬의 원형입니다.
예수 그리스도가 참된 유월절의 어린양입니다(고전5:7)
세상 죄를 지고 가는 하나님의 어린양입니다.

곧 그는 우리 주 예수 그리스도십니다. 우리는 죄와 허물로 죽은

자들입니다. 주는 창조주, 구속주, 심판주이십니다. 예수는 자기백
성을 저희 죄에서 구원할 자십니다. 그리스도는 왕, 제사장, 선지자
이십니다.

우리의 길이요 진리요 생명입니다.

우리의 힘이요 빛이요 답입니다.

우리의 믿음이요 소망이요 사랑입니다.

우리의 선한 목자요 주치 의사요 의로운 재판장입니다.

우리의 검이요 방패요 산성입니다.

우리의 피난처요 요새요 거처입니다.

우리의 신랑이요 선생이요 친구입니다.

우리의 하나님이요 우리의 구주입니다.


식후에 또한 그와 같이 잔을 가지시고 이르시되 이것은 내 피로
세운 새 언약이니 이것을 행하여 마실 때마다 "나를 기념하라"고 말
씀하셨습니다. 그리스도는 세상에 계실 때 많은 기적을 행하시고
선한 일도 많이 행하셨습니다. 그러나 그는 제자들에게 내가 행한
"기적을 기념하라", 내가 베푼 "선한 일을 기념하라"고 말씀하지 않
으셨습니다. 우리 주 예수 그리스도는 많은 말씀을 선포하셨고 말
씀을 가르치셨습니다. 그러나 그는 내가 선포한 "말씀을 기념하라"
고 하지 않았고 내가 가르친 "말씀을 기념하라"고 말씀하지 않으셨
습니다.

그는 떡을 먹을 때 "나를 기념하라"고 말씀하셨고, 잔을 들 때 "나
를 기념하라"고 말씀하셨습니다. 그는 대부분 유대인들로 구성된
제자들에게 유대인들의 가장 큰 명절인 유월절을 지키면서도 "유월
절을 기념하라"고 말씀하지 않으시고 마지막 유월절 양인 세상 죄

를 지고 가는 하나님의 어린양인 "나를 기념하라"고 말씀하셨습니다. 성찬의 본질은 마지막 유월절 양이요 세상 죄를 지고 가는 하나님의 어린양이신 우리 주 예수 그리스도를 기념하는 것입니다.

## 1. 나를 기념하라

기념하라는 것은 기억하여 보여주라는 말씀입니다. 성찬식은 예수 그리스도를 기억하여 보여주는 예식입니다. 그러므로 성찬에 참여하는 사람은 십자가에 못 박혀 죽으신 예수 그리스도를 기억하여 그를 보여주어야 합니다. 그리스도는 떡을 먹을 때도 나를 기념하라고 하셨고, 잔을 드실 때도 나를 기념하라고 말씀하셨습니다.

'나를 기념하라' 는 말에 들어 있는 의미를 봅시다.
첫째, 성육신(成肉身) 한 나를 기념하라
둘째, 십자가(十字架)에 못 박혀 죽은 나를 기념하라
셋째, 중보자(仲保者)인 나를 기념하라

성찬에 참여하는 자는 성육신하신 우리 주 예수 그리스도를 기념해야 합니다. 떡을 들어 먹을 때도 성육신하신 우리 주 예수 그리스도를 기억하여 보여주고, 잔을 들어 마실 때도 우리 주 예수 그리스도를 기억하여 보여주어야 합니다.

"너희 안에 이 마음을 품으라 곧 그리스도 예수의 마음이니 그는 근본 하나님의 본체시나 하나님과 동등 됨을 취할 것으로 여기지 아니하시고 오히려 자기를 비워 종의 형체를 가지사 사람들과 같이 되셨고 사람의 모양으로 나타나사 자기를 낮추시고 죽기까지 복종하셨으니 곧 십자가에 죽으심이라."(빌 2:5-8)

우리 주 예수 그리스도를 믿습니까? 우리는 죄와 허물로 죽었던 자입니다. 예수는 자기 백성을 저희 죄에서 구원할 자십니다.

그렇다면 우리 안에 이 마음을 품어야 합니다. 그리스도 예수의 마음입니다. 그는 근본 하나님의 본체십니다. 그러나 하나님과 동등 됨을 취하지 아니하셨습니다. 오히려 자기를 비워 종의 형체를 가지셨습니다. 사람들과 같이 되셨습니다. 죽기까지 복종하셨습니다.(빌 2:5-7) 기독교의 덕은 첫째도 겸손이요, 둘째도 겸손이요, 셋째도 겸손이라고 합니다. 우리 주 예수 그리스도를 기억하고 보여주어야 합니다.

> "그러므로 너희가 그리스도 예수를 주로 받았으니 그 안에서 행하되, 그 안에 뿌리를 박으며 세움을 받아 교훈을 받은 대로 믿음에 굳게 서서 감사함을 넘치게 하라"(골 2:6-7)

예수를 주로 받았습니까? 창조주 구속주 심판주로 받았습니까? 그렇다면 주 안에서 살아야 합니다. 주 안에 뿌리를 깊이 박아 든든히 세움을 받아야 합니다. 교훈을 받은 대로, 믿음에 굳게 서서, 감사함을 넘치게 해야 합니다.(골 2:6-7) 감사는 우리 주님 나무의 열매입니다. 우리 주 예수 그리스도를 기억하고 보여 주어야 합니다.

> "예수께서 온 갈릴리에 두루 다니사 저희 회당에서 가르치시며, 천국 복음을 전파하시 백성 중에 모든 병과 모든 약한 것을 고치시니"(마4:23)

우리 주 예수 그리스도를 믿습니까? 그렇다면 우리 주 예수 그리스도의 가르침을 받아야 합니다. 천국 복음을 전파해야 합니다. 우리 주 예수 그리스도의 이름으로 몸과 마음의 아픔을 고쳐주어야 합니다.

한국교회의 초대 선교사들이 학교를 세워 가르쳤고, 교회를 세워 천국복음을 전파했으며 병원을 세워 병든 자들을 고쳐주었습니다. 하나님의 마음에 맞고, 하나님이 보기에 좋으며, 하나님이 기쁘게 쓰는 학교와 교회와 병원을 세워야 합니다. 예배와 전도와 교육과 봉사는 교회의 본질이요 사명이요, 의무입니다. 교회와 성도는 우리 주 예수 그리스도를 기억하고 이를 보여 주어야 합니다.

## 2. 빛의 열매를 맺으라

"빛의 열매는 모든 착함과 의로움과 진실함에 있느니라."(엡 5:9)

우리 주 예수는 사랑과 착함과 공의와 진실함으로 십자가에 못 박혀 죽으셨습니다. 죄인을 구원하기 위하여 죄인의 죄를 담당하고 죄인의 죄를 대신하여 십자가에 못 박혀 죽으셨습니다. 죄인들의 악함과 불의함과 거짓됨을 담당하고 대신하여 십자가에 못 박혀 죽으셨습니다.

죄인의 죄, 곧 악과 불의와 거짓된 죄인의 죄를 담당하고 대신하여 십자가에 못 박혀 죽으신 우리 주 예수 그리스도의 십자가를 기억하고 보여주는 성찬식이 거룩한 성찬식입니다. 그러므로 그리스도인 또한 거짓 된 자, 악한 자, 불의 한 자를 위하여 그들의 잘못을 담당하고, 그들의 잘못을 대신하여 십자가에 못 박혀 죽어 그를 보여 주어야 합니다.

십자가에 못 박혀 죽으신 그리스도는 죄인을 위하여 사랑으로 희생하셨습니다. 사랑으로 참으셨습니다. 사랑으로 용서하셨습니다. 사랑으로 승리하셨습니다. 그리스도인은 진실하고 의로워야 합니다.

그러나 사랑으로 진실하고 의로워야 합니다. 사랑이 없는 진의는 사람을 정죄하고 죽입니다. 십자가는 사랑과 공의입니다. 죄의 삯은 사망입니다. 그러므로 죄인은 죽여야 공의입니다. 그래서 마지막 아담이신 예수가 죄인의 죄의 삯을 대신하여 십자가에 못 박혀 죽음으로 죄의 삯을 지불했습니다. "다 이루었다"고 선언하셨습니다. 사랑으로 십자가에 못 박혀 죽으셨습니다. 사랑으로 죄인의 죄의 삯을 담당하고 대신하셨습니다. 이처럼 예수 십자가는 사랑과 공의입니다.

그는 악과 불의와 거짓의 권세를 깨뜨리고 부활하셨습니다. 그러므로 그리스도처럼 담당하고 대신하는 자는 악과 불의와 거짓의 권세를 깨뜨리고 부활합니다. 곧 빛의 열매를 맺습니다.
그리스도인은 그리스도 앞에 선하고 의롭고 진실해야 합니다.
사람들이 불신하고 미워하며 멸시할 수 있습니다. 그래도 그리스도 앞에 선하고, 의롭고, 진실해야 합니다.
힘들고 어려워도 낙망하지 말고 불신하고 비소하며 비난하고 비판해도 실망하지 말고 사정과 실정과 처지와 형편의 지배를 받지 말고, 환경과 현실과 현세와 대세의 지배를 받지 말고, 예수의 지배를 받아 선하고 의롭고 진실해야 합니다.
그리하면 선하고 의롭고 진실하신 그리스도께서 반드시 지켜 보호하여 주시고, 붙들어 인도하여 주시며, 가르쳐 다스려 주시고, 싸워 이겨주시며, 함께 동행해주셔서 승리의 깃발을 들것입니다.
무엇보다 사랑으로 진실하고, 선하며, 의로워야 합니다.

# 나를 기념하라 2
(고전 11:23-34)

나를 기념하라는 것은 우리 주 예수 그리스도를 기념하라는 말씀입니다. 우리 주 예수 그리스도를 기념하라는 말씀은 우리 주 예수 그리스도를 기억하여 보여주라는 말씀입니다.

그러므로 우리 주 예수 그리스도를 믿는 그리스도인은 우리 주 예수 그리스도를 기억하여 보여주어야 합니다.

우리, 한 알의 밀알이 되어야 합니다. "내가 진실로 진실로 너희에게 이르노니 한 알의 밀이 땅에 떨어져 죽지 아니하면 한 알 그대로 있고 죽으면 많은 열매를 맺느니라."(요 12:24)

우리 주 예수 그리스도는 왜 당신이 성육신 하셨는가를 사랑하는 제자들에게 말씀하셨습니다. 그리스도가 성육신 하신 것은 죄인들을 구원하기 위하여 희생하신 것입니다. 실제로 우리 주 예수 그리스도는 희생하셨습니다. 죄인들을 구원하기 위하여 죄인들의 죄를 담당하고 죄인들의 죄를 대신하여 사랑과 공의의 십자가에 못 박혀 희생하셨습니다. 희생에는 네 가지의 원리가 있습니다.

## 1. 희생의 제1원리, 죽임

삶이란 희생 곧 죽음으로만 이룰 수 있습니다. 한 알의 밀이 한 알 그대로 있으면 한 알 그대로입니다. 한 알의 밀이 땅에 떨어져 죽어 매장되어야 그 밀알 속에서 생명이 부활하고 열매를 맺습니다. 한 알의 밀이 죽어 매장되어야 함과 같이 그리스도인 또한 죽어 매장되어야 합니다. 육체의 소욕이 죽어 매장되어야 합니다. 나의 유익을 포기하고 희생시켜야 우리 가정과 교회, 우리나라와 민족의 생명이 부활하고 성장하며 성숙합니다.

죽음을 통하여 생명이 나고, 희생을 통하여 영광이 온다는 것은 자연계에서도 밝히 봅니다. 한 알의 밀알이 자기의 힘, 자기의 성질, 자기의 생명을 발휘하기 전에 먼저 땅에 떨어져 죽어야 합니다. 자기를 죽이지 않으면 부활도 없고, 열매도 없습니다. 자기가 죽어야 생명이 부활하고, 생명의 열매를 맺습니다. 양초는 자기를 희생시켜 남은 밝게 해주고 자신은 소멸합니다.

그리스도인은 십자가에 못 박혀 죽어야 살고, 열매를 맺습니다. 그리스도 안에서 거짓된 사람이 죽어야 참된 사람이 살고, 악한 사람이 죽어야 선한 사람이 살며, 불의한 사람이 죽어야 의로운 사람이 삽니다. 교만한 사람이 죽어야 겸손한 사람이 살고, 육체의 소욕의 사람이 죽어야 성령의 소욕의 사람이 살며, 옛 사람이 죽어야 새 사람이 살고, 마귀의 사람이 죽어야 예수의 사람이 삽니다.

주 안에서 공존해서는 안 되는 것이 있습니다. 거짓된 사람과 진실한 사람, 악한 사람과 선한 사람, 불의한 사람과 의로운 사람이 공존해서는 아니 됩니다. 교만한 사람과 겸손한 사람, 옛 사람과 새 사람 육에 속한 사람과 성령에 속한 사람, 마귀의 사람과 예수의 사람이 공존해서는 아니 됩니다.

인체 속에 생명을 죽이는 균을 체내에 두면 안 되듯이 거짓과 악과 불의의 균과 교만과 육체의 소욕과 옛 사람과 마귀의 균을 내 속에 두면 안 됩니다. 생명을 죽이는 무서운 균을 수술하고 약을 써서 죽여야 치료가 되어 살듯이 성령과 말씀의 예리한 칼로 수술하고, 신약과 구약으로 우리의 몸과 마음과 영혼을 죽이는 거짓과 악과 불의와 교만과 육체의 소욕과 마귀의 균을 죽여야 그리스도의 사람으로 건강하게 삽니다.

> "볼지어다 내가 문 밖에 서서 두드리노니 누구든지 내 음성을 듣고 문을 열면 내가 그에게로 들어가 그와 더불어 먹고 그는 나와 더불어 먹으리라."(계 3:20)

## 2. 희생의 제2원리, 미워함

사람이 자기를 사랑하느냐, 미워하느냐 양자택일에서 사느냐 죽느냐의 결과를 가져옵니다. 육체의 소욕과 자기 욕망에 노예가 되어 자기 명예와 영달을 꾀하는 사람은 자기의 생명을 빼앗기고, 반면에 성령의 소욕을 좇아 자기를 희생시켜 헌신하고 봉사하는 사람은 생명을 얻고 하나님께 영광 사람들에게 평화가 됩니다.

인류역사는 대담하게 자기의 힘과 자기의 생명을 써버린 사람에게 자유와 평화를 주었습니다. 개인이든 가정이든, 교회이든 국가이든, 자기만을 지키겠다고 골몰하는 사람은 패배인생이 되었고 망하게 되었습니다. 반면에 고귀하고 숭고한 목표를 위하여 희생한 개인이나 가정이나, 교회나 국가든 그 생명이 길고 부요했습니다.

따지지도 않고 계산하지도 않고 기록하지도 않는 부모의 희생적 투자로 자녀가 훌륭하게 자라 헌신하고 봉사하는 자가 됩니다. 성령의 소욕의 사람은 사랑해야 생명을 얻고, 하나님에게 영광 사람들에게 평화가 됩니다.

## 3. 희생의 제3원리, 결실

희생의 목적은 희생 그 자체가 아닙니다. 희생하므로 얻는 그 귀한 열매입니다. 길가와 같고, 가시밭과 같으며, 돌밭과 같은 세상을 옥토로 만들어 좋은 열매와 풍성한 열매를 얻고자 함입니다.

그리스도인은 나나 우리 가정뿐만 아니라 우리 나라와 우리 민족 나아가 온 인류의 공익을 위하여 지음을 받았고, 부름을 받았으며, 보냄을 받은 자들입니다. 한 알의 밀알이 땅에 떨어져 죽으면 많은 열매를 얻는 것처럼 그리스도인 한 사람의 희생으로 말미암아 많은 사람들에게 유익을 주고 생명을 줍니다.

## 4. 희생의 제4원리, 섬김

만일, 하나님이 당신에게 인력(재력, 권력, 지력, 미력 등)을 주신다면 그 인력으로 무엇을 하겠습니까? 만왕의 왕이요 만물의 주인이신 우리 주 예수 그리스도는 허리에 수건을 두르고 세수 통에 물을 담아 제자들의 발을 일일이 씻어 주시고 닦아 주시며 "이처럼 너희들도 서로 발을 씻어주라"고 말씀하셨습니다. 만왕의 왕이요 만물의 주인이신 우리 주님은 만왕의 왕이요 만주의 주셨으나 왕과 주인으로 군림하지 아니하시고 종이 되어 겸손히 섬기셨습니다.

그는 하나님의 본체시나 동등 됨을 취하지 아니하시고, 땅에까지 낮아져서 죄인들을 섬기셨습니다. 죄인을 구원하기 위하여 죄인의 죄를 담당하고, 죄인의 죄를 대신하여, 십자가에 못 박혀 죽으시기까지 그는 사랑과 공의로 겸손히 섬기셨습니다.

주님을 믿는 그리스도인은 섬기는 자로 택함을 받았고 부름을 받았으며 보냄을 받았습니다. 이웃이 나에게 무엇을 해주기를 바라지 말고, 내가 이웃을 위하여 무엇을 해줄까 생각하는 자가 됩시다.

"진리를 알지니 진리가 너희를 자유케 하리라."(요 8:32)

진리의 터 위에 세우고 진리 안에 거하며 진리를 따르고 진리로 살면 진리가 자유와 평화를 주실 것입니다.

강하고 담대하십시다. 요단강을 건너가 젖과 꿀이 흐르는 가나안을 정복합시다. 그리스도 신앙으로 강하고 담대하십시다. 죽음의 요단강을 건너가 젖과 꿀이 흐르는 몸터와 맘터, 일터와 식터, 쉼터와 놀터, 잠터와 꿈터, 집터와 성터를 정복하고 다스립시다.

병든 나무가 건강하고 바르게 성장할 수 없고, 좋은 열매와 많은 열매를 맺을 수 없습니다. 몸과 마음이 병들도 육체와 영혼이 병든 사람은 건강하고 바르게 성장할 수 없고 승리할 수 없습니다. 빛의 열매를 맺을 수 없고 성령의 열매를 맺을 수 없습니다. 선하고 의롭고 진실한 욥에게 갑절의 복을 주셨습니다.

십자가의 사랑으로 진선의의 그리스도인이 하나님의 마음에 합한 사람, 하나님이 보기에 좋은 사람, 하나님이 기쁘게 쓰는 사람이 되어 하나님께는 영광을 사람들에게는 평화의 사람이 됩니다.

# 4 그리스도의 고난 1

(사 53:1-6)

종려주일은 당시에, 예루살렘 주민들이 "호산나"라고 부르며 주님을 맞이했다 하여 '호산나 주일'이라고도 합니다. 이 날은 예수 고난의 시작과 십자가의 죽음을 기념하는 날이므로 경건한 마음으로 그 고난에 동참해야 합니다. 호산나란 '우리를 구하소서!'라는 말입니다.

주님이 뉘시기에 예루살렘 시민들이 "우리를 구하소서!"라고 외쳤을까요? 예수가 누구십니까? 우리 주 예수 그리스도십니다.

"우리"는 죄와 허물로 죽었던 자입니다.

"주"는 창조주 구속주 심판주십니다. 말씀으로 우주 만물을 창조하신 창조주요 죄인을 구원하기 위하여 죄인들의 죄를 담당하고 죄인들의 죄를 대신하여 사랑과 공의의 십자가에 못 박혀 죽으심으로 우리를 구원하여 주신 우리들의 구속주십니다. 산자와 죽은 자를 심판하시는 심판주십니다.

"예수"는 자기 백성을 저희 죄에서 구원할 자십니다. 그는 만세전에 선택한 자기 백성을 구원하기 위하여 자기 백성의 죄를 담당하고 대신하여 십자가에 못 박혀 물과 피를 따 쏟으시고 운명하기 전에 "다 이루었다"고 선포하시고 운명하셨습니다. 자기 백성의 죄를 다 담당하고 대신하여 죄의 삯인 사망을 지불하고 구원하여 주셨습니다.

"그리스도"는 메시야 곧 기름부음을 받은 자입니다. 기름부음 받은 자는 왕이요 제사장이요 선지자이십니다. 그리스도는 왕이요 제사장이요 선지자십니다.

그리스도는 왕이십니다. 우리를 사랑과 공의로 다스리시는 왕이십니다. 한 번도 타보지 아니한 나귀새끼를 타시고 예루살렘 성으로 입성하신 것입니다. 한 번도 타보지 아니한 나귀새끼는 "거룩"을 상징합니다. 죄인들을 구원하기 위하여 죄가 전혀 없으신 하나님이 죄인들의 속죄제물과 화목제물이 되신 거룩한 왕이십니다.

그리스도는 제사장이십니다. 우리를 긍휼과 인자로 우리를 대신하는 제사장이십니다. 우리의 죄를 담당하고 우리의 죄를 대신하여 십자가에 못 박혀 죽으신 우리의 제사장이십니다.

그리스도는 선지자이십니다. 우리를 진리와 인애로 가르쳐 인도하는 선지자이십니다. 진리의 길로, 의의 기로, 평화의 길로, 구원의 길로, 천국의 길로, 가르쳐 인도하는 선지자십니다.

그리스도는 "심한 통곡과 눈물의 기도"를 드렸습니다. 주님이 겟세마네 동산에서 심히 고민하여 죽게 된 상태로 간절히 애절히 기도하셨습니다. 사람이 심히 고민하여 죽게 된 상태에서는 기도도 나오지 않는 것입니다.

주님은 통곡과 눈물로 기도하셨습니다. "심히 고민하고 슬퍼하시며" 기도하셨습니다. 사랑은 괴로운 것입니다. 사랑은 슬퍼하는 것입니다.

필자는 사랑하는 교회를 위하여 통곡과 눈물의 기도를 드려보았고 심히 고민하고 슬퍼해보았지만 아내를 위하여 이번처럼 통곡과 눈물로 기도하고 고민하고 슬퍼하며 기도하지는 못했습니다. 교회가 한 마음으로 간절하고 애절하게 통곡과 눈물의 기도와 고민과 아품의 기도를 드렸습니다. 통곡과 눈물의 기도는 홍해를 갈랐습니다. 수술 전에도 죽는다, 수술 후에도 죽는다는 아내는 하나님의 절대 은혜로 14년을 살고 있습니다. 할렐루야! 아멘.

## 1. 그리스도의 모양이 어떠했습니까? (1-2)

"우리의 전한 것을 누가 믿었느냐 여호와의 팔이 누구에게 나타났느냐."(사 53:1)

이사야 선지자의 두 가지 질문이 나타납니다.

첫째는 우리의 전한 것을 누가 믿었느냐?

둘째는 여호와의 팔이 뉘게 나타났느냐?

'전한 것' 이란 선지자들이 전한 말씀을 통하여 사람들이 들은 예언의 말씀입니다. 그러나 그 말씀에 귀를 기울이고, 그 말씀을 믿는 자는 지극히 적었습니다. 주님께서 찾아오셔서 말씀을 전하셨으나 그 말씀을 청종하는 자는 지극히 적었습니다.

여호와의 팔은 여호와의 능력입니다. 그가 많은 능력을 행하였으나 그의 능력을 믿어주는 사람은 지극히 적었습니다. 여호와의 구원의 능력이 열방에 나타난바 되었으나 그 말씀을 믿고 순종하는 자는 지극히 적었습니다.

왜 사람들이 그의 말씀에 귀를 기울이지 않고, 그의 능력을 믿어주지 않고 순종하지 않았습니까? 믿음의 눈과 귀와 마음이 아니고는 하나님의 음성이 들리지 않고, 하나님의 존재가 믿어지지 않으며, 하나님의 능력이 보이지 않기 때문입니다. 하나님은 믿음의 눈과 귀와 마음으로 보고 듣고 믿습니다. 육신의 눈과 귀와 마음으로는 하나님의 모습을 볼 수 없고 들을 수 없으며 믿을 수 없고 하나님의 능력을 볼 수 없으며 하나님을 누릴 수 없습니다.

> "그는 주 앞에서 자라나기를 연한 순 같고 마른 땅에서 나온 뿌리 같아서 고운 모양도 없고 풍채도 없은즉 우리가 보기에 흠모할 만한 아름다운 것이 없도다."(사 53:2)

성육신 하신 그리스도는 "연한 순" 같이 자랐습니다. 그의 집안은 몰락한 왕가의 후예였고, 그의 아버지는 신분이 낮은 목수였습니다. 대부분의 친척들은 어부였으니 무식하고 가난하여 경멸 받는 민중들의 애환이 서린 나사렛 출신이었습니다.

그는 "마른 땅에서 나온 뿌리" 같았습니다. 박토와 같은 세상에서 나온 뿌리 같았습니다. 그는 가문도 없고 권력도 없고 재력도 없고 학력도 없는 박토에서 나온 뿌리 같았습니다. 그는 불신하고 불만하며 불순하고 거스르는 박토 같은 세상에 생명력을 공급하셨습니다. 그는 교회들에게 그리스도의 생명과 능력, 사랑과 은혜 자유와 평화, 평강과 승리, 기쁨과 안식, 위로와 부요, 구원과 영생의 은혜를 주셨습니다.

그는 고운 모양도 없고 풍채도 없어 우리가 보기에 보기에 흠모할 만한 아름다운 것이 없었습니다. 육신을 입고 오신 그리스도의 외모는 별 볼품이 없었습니다. 인간의 관심을 끌만한 특별한 것이 없었습니다. 그는 잘나고 잘생긴 미남이 아니었습니다. 그의 외양은 160Cm 밖에 되지 않은 못난 추남이었습니다. 이런 그리스도의 말씀에 귀를 기울이고, 그의 능력을 믿겠습니까?

많은 사람들은 사람의 중심보다 외모를 봅니다. 그의 외모를 보아 유대인의 왕이 아니었습니다. 그래서 그들은 그의 말씀을 듣지도 않고, 그의 능력을 믿지도 않았으며 그를 따르지도 않았습니다. 결국, 그리스도의 말씀에 귀를 기울이지 아니하고 그의 능력을 믿지 아니하다가 AD 70년에 로마의 디도 장군에 의하여 예루살렘 성전은 무너져 쑥대밭이 되었고 예루살렘 시민은 당시 130만 명이나 학살당했습니다.

큰 산을 지키는 나무는 잘난 나무보다 못난 나무입니다. 잘난 나무는 사람들이 다 베어가고 못난 나무는 남겨둠으로 그 못난 나무들이 세월이 흐르면서 튼튼하고, 크게 자라서 큰 산을 지키고 있습니다. 인류역사를 창조하고, 인류역사에 빛을 발하며, 인류역사에 빛을 남긴 사람들은 잘 난 사람이 아니라 못난 사람들이었습니다. 잘난 사람들은 다 죽이고 못난 사람들이 남아 하나님의 은혜를 받아 교회를 지키고 나라를 지켰습니다.

베드로, 바울, 존 칼빈, 손양원 목사, 박형룡 박사, 얼마나 위대한 분들입니까? 이들은 한 결 같이 외양이 볼품이 없었습니다. 하나님의 마음에 합한 사람, 하나님이 보기에 좋은 사람, 하나님이 기쁘게 쓰는 사람은 못난 사람들이었습니다. 외양으로 못난 주님은 외모를 보지 않고 중심을 보십니다. 말씀을 전하는 사람의 외모를 보고 말씀을 듣거나 능력을 믿는 오류를 범하는 일이 없기를 바랍니다.

# 그리스도의 고난2
(사 53:1-6)

그리스도는 연한 순 같았습니다. 마른 땅에서 나온 뿌리 같았습니다. 그는 고운 모양도 없고 풍채도 없었습니다. 우리의 보기에 흠모할 만한 아름다운 것이 없었습니다. 그러므로 그는 멸시를 받았고 고난을 받으셨습니다.

## 2. 어떤 고난을 받으셨습니까?

"그는 멸시를 받아서 사람에게 싫어 버린바 되었으며 간고를 많이 겪었으며 질고를 아는 자라 마치 사람들이 그에게서 얼굴을 가리는 것같이 멸시를 당하였고 우리도 그를 귀히 여기지 아니하였도다."(사 53:3)

그는 멸시를 받았습니다. 그는 하나님의 영광과 인류의 평화를 위하여 이 땅에 친히 찾아오셨으나 그를 대하는 눈은 차갑고 따가웠습니다. "나사렛에서 무슨 선한 것이 나겠느냐?"며 무시하고 멸시하며 업신여겼습니다. 정치 지도자들과 종교 지도자들은 더욱 그를 무시했고, 멸시했으며 업신여겨 제거하려했습니다.

그리스도는 그들을 만남의 대상으로 삼기보다는 세리나 창녀와 같은 가난한 사람, 천한 사람, 못난 사람, 못 가진 사람들의 친구가 되었습니다. 그러므로 정치 지도자들과 종교 지도자들은 "세리들의 친구"라 하며 더욱 그를 무시하고 멸시했습니다.

　그의 표적을 구하는 사람은 많았고, 표적으로 인해서 그를 따랐지만 그의 말씀에 귀를 기울이거나 그의 능력을 믿고, 그와 더불어 먹고 마시며, 그와 더불어 살고 죽기를 원하는 자는 지극히 적었습니다. 오히려 표적을 보고 많은 사람들은 원수로 돌변하여 "십자가에 못 박아 죽이라"고 외쳤습니다.

　이처럼 사람들은 믿을 수 없습니다. 주님께서 십자가에서 당하신 조롱은 극에 치닫는 행동이었습니다. 왕이라는 명목 하에 붙인 죄패, 벌거벗기고 입힌 홍포, 가죽 채, 침 뱉음, 손가락질, 갈대, 신포도주, 그리스도는 쓰라린 조롱과 멸시를 당하셨습니다.

　그는 슬픔을 당하셨습니다. 주님께서 당하신 최대의 슬픔은 외면당하신 것입니다. 성부 하나님도 외면하셨고, 그를 따르던 제자들도 외면했으며, 그의 표적으로 병 고침 받은 사람들도 외면했으며, 배부르게 먹은 사람들도 그를 외면했습니다. 그러나 그리스도는 그들의 불행을 슬퍼하셨고, 그들의 장래를 슬퍼하셨습니다.

　그는 간고를 많이 겪었고 질고를 아는 자였습니다. 질고를 안다는 것은 그가 인간들처럼 많은 질병들을 겪었다는 말이 아니라 모든 인간들의 고통을 체휼하셨다는 말씀입니다. 주님은 병든 사람들을 긍휼히 여기셨습니다. 그래서 주님은 문둥이를 깨끗하게 하셨고, 앉은뱅이를 일으켰으며, 소경의 눈을 뜨게 해주셨고, 귀머거리는 듣고 말하게 하셨으며, 귀신들린 자의 귀신을 쫓아냈고 죽은 야이로의 딸과 나사로를 살려주셨습니다. 우리 주 예수 그리스도는 우리들의 선한 목자요 주치 의사요 의로운 재판장이십니다.

그는 "사람들에게 얼굴을 가리우고 보지 않음을 받은 자"와 같이 되셨습니다. 나병환자나 화상을 입은 얼굴을 가진 사람들과 같이 여김을 받았습니다. 그래도 그리스도는 그들을 긍휼히 여기셨고 사랑하셨습니다.

그의 사랑은 사랑을 사랑했습니다.

그는 사랑을 사랑하며 일생을 살았습니다.

그는 사랑을 사랑하다 십자가에 못 박혀 죽으셨습니다.

그는 멸시를 받았고 싫어 버림을 당하셨습니다.

그래도 그는 사랑하셨습니다.

그는 이 고난을 받기 위하여 성육신하셨습니다. 죄인들의 고난을 담당하셨습니다. 죄인들의 고난을 대신하셨습니다. 그 고난의 십자가에 못 박혀 죽으셨습니다. 이것은 죄인을 구원하기 위해서입니다. 진실로 그리스도의 사랑과 은혜를 아는 그리스도인이 됩시다.

## 3. 그리스도가 왜 고난을 받으셨습니까? (5-6)

"그가 찔림은 우리의 허물 때문이요 그가 상함은 우리의 죄악 때문이라 그가 징계를 받음으로 우리는 평화를 누리고 그가 채찍에 맞음으로 우리는 나음을 받았도다."(사 53:5)

인간의 오해와 불신으로 그리스도는 고난을 받으셨습니다. 하나님은 공의의 하나님이십니다. 하나님의 거룩하심은 인간들의 죄를 용납지 아니하십니다. 죄를 범한 죄인은 누구나 그 죄에 대한 책임을 져야합니다. 그 죄에 대한 책임이 징계로 나타날 수 있습니다.

그리스도의 고난은 죄인을 구원하기 위한 고난임에도 완악한 인간들은 하나님에 대한 잘못으로 징계를 받는다고 생각했습니다.

예수는 그리스도로 존귀하게 여김을 받기보다는 멸시를 받으셨고 버림을 받으셨으며 외면을 당하셨고, 싫어버림을 당하셨으며 인간들의 오해의 연속선상에서 고통을 당하셨습니다. 그리스도는 죄인을 구원하시려고 죄인의 죄를 담당하고, 죄인들의 죄를 대신하여 고난을 받으셨습니다. 대부분의 인간이 당하는 고난은 자신의 잘못이나 정욕으로 인한 고난입니다.

그러나 그리스도의 고난은 자신의 잘못이나 정욕으로 인한 고난이 아닙니다. 죄인들의 죄에 대한 책임을 지는 고난입니다. 죄인들의 죄를 속죄하기 위한 고난입니다. 죄인들을 구원하기 위한 고난입니다. 나 같은 죄인을 위하여 책임을 지시고 죽으셨습니다. 마지막 아담이신 그리스도의 죽음이 없이는 죄인이 속죄함을 받을 수 없으며 하나님과 화목할 수 없으며, 죄인이 구원을 받을 수 없습니다.

나 같은 죄인의 죄를 담당하고 대신하여 십자가에 못 박혀 죽으신 그리스도만이 나의 하나님이요 나의 구주십니다. 나의 길이요 진리요 생명이요, 힘이요 빛이요 답이십니다. 믿음이요 소망이요 사랑이요, 신랑이요 선생이요 친구십니다. 선한 목자요 주치의사요 의로운 재판장이십니다. 검이요 방패요 산성이요, 피난처요 요새요 거처십니다.

그리스도의 고난은 죄인들을 구원하기 위한 고난입니다. 예수를 그리스도로 믿는 그리스도인들에게 예수 생명과 능력, 자유와 평화, 기쁨과 안식, 평강과 승리, 위로와 부요, 구원과 영생을 주시는 고난입니다.

그가 찔림은 우리의 허물 때문입니다.

그가 상함은 우리의 죄악 때문입니다.

그가 징계를 받으므로 우리가 평화를 누리고

그가 채찍에 맞으므로 우리가 나음을 받았습니다.

그리스도가 죄인들의 죄를 담당하고, 죄인들의 죄를 대신하여 십자가에 못 박혀 물과 피를 다 쏟으셨습니다. 운명하기 전에 그는 '다 이루었다'고 선언하셨습니다.

그렇습니다. 그리스도의 사명을 다 이루었습니다.

그가 찔림으로 우리의 허물이 용서되었고,

그가 상함으로 우리의 죄악이 용서되었습니다.

그가 징계를 받음으로 우리에게 자유와 평화를 받았고

그가 채찍에 맞으므로 우리가 나음을 입었습니다.

몸과 마음이 나음을 입었습니다.

그의 십자가의 고난으로 우리의 관계가 회복되었습니다. 하나님과의 관계와 사람들과의 관계가 회복되었고, 만물과의 관계와 물질과의 관계가 회복되었습니다. 그의 모양은 볼품이 없었습니다. 보기에 흠모할만한 아름다움이 없었습니다.

그는 멸시를 받았고, 간고와 질고를 겪으셨으며, 귀히 여김을 받지 못하셨습니다. 그리스도의 고난은 나 같은 죄인을 위하여 모든 죄악을 책임지는 고난이셨습니다. 주님께서 책임지고 십자가에 못 박혀 죽으심으로 우리는 회복되었습니다.

"우리는 다 양 같아서 그릇 행하여 각기 제 길로 갔거늘 여호와께서는 우리 모두의 죄악을 그에게 담당시키셨도다."(6)

우리는 다 양 같아서 힘이 없고 연약하며, 무능하고, 무력하며, 어리석고 어둔하며, 무지하고 무식하여 그릇 행하였습니다. 그리스도 신앙으로 살지 못했습니다. 믿음과 소망과 사랑으로 살지 못했습니다. 항상 기뻐하고, 쉬지 말고 기도하며, 범사에 감사하며 살지 못했습니다.

불신하고 불만하며 불순했습니다.

진실하게, 선하게, 의롭게 살지 못했습니다.

거짓되고 악하며 불의하게 살았습니다.

예수 중심, 말씀 중심, 교회 중심으로 살지 못했습니다.

그리스도적으로 살지 못하고 인간적으로 살았습니다.

어디로부터와서 어디로 가는지 인생의 방향을 정하지 못하고 헤매고 있었습니다. 각기 제 길로 갔습니다.

하나님은 우리의 죄와 허물을 그에게 담당시키셨습니다.

그는 속죄 양으로 십자가에 못 박혀 죽으셨습니다.

그는 우리의 모든 죄를 담당하고 대신하여 십자가에 못 박혀 죽으셨습니다. 그러므로 우리는 구원을 받았습니다.

그 사랑과 은혜를 아는 그리스도인이 됩시다.

# 그리스도의 고난3
(사 53:7-11)

그리스도의 모양은 연한 순 같았습니다. 마른 땅에서 나온 뿌리 같았습니다. 고운 모양도 없고, 풍채도 없었습니다. 우리가 보기에 흠모할만한 아름다운 것이 없었습니다. 그는 멸시를 받아 사람들에게 버림을 받았습니다. 간고를 많이 겪었고, 질고를 아는 자였습니다. 그는 멸시를 당하였고, 우리도 그를 귀히 여기지 않았습니다. 그는 우리의 질고를 지고, 우리의 슬픔을 당하셨습니다.

우리는 생각하기를, 그는 징벌을 받아 하나님께 맞으며 고난을 당한다고 생각했습니다.

그가 찔림은 우리의 허물 때문입니다.

그가 상함은 우리의 죄악 때문입니다.

그가 징계를 받음으로 우리가 평화를 누리고

그가 채찍에 맞음으로 우리가 나음을 받았습니다.

우리는 다 양 같아서 그릇 행하여 각기 제 길로 갔습니다. 여호와께서는 우리 모두의 죄악을 그에게 담당시켰습니다.

## 1. 그리스도는 그 고난에 복종하셨습니다(7-9)

"그가 곤욕을 당하여 괴로울 때에도 그의 입을 열지 아니하였음이여 마치 도수장으로 끌려가는 어린 양과 털 깎는 자 앞에서 잠잠한 양 같이 그의 입을 열지 아니하였도다."(7)

그는 곤욕을 당하여 괴로울 때에도 입을 열지 아니했습니다.

'예수, 네가 그리스도냐? 그럼 십자가 위에서 내려와 너도 구원하고 다른 사람도 구원해보라' 고했습니다.

그는 이처럼 불신과 멸시를 받으실 때,

비소와 조롱을 받으실 때,

채찍으로 맞고 창으로 찔림을 받으실 때에도

입을 열지 아니하셨습니다.

그는 십자가의 아픔과 고통에도 입을 열지 아니하셨습니다. 마치 도수장으로 끌려가는 어린 양과 털 깎는 자 앞에 잠잠한 양 같이 입을 열지 아니하셨습니다. 그는 십자가의 고난과 고통에 아무런 변명도 반항도 하지 않고, 인내로 감수하셨습니다. 그는 힘으로 대항하려는 베드로 사도에게 "칼을 집에 꽂으라. 칼을 사용하는 자는 칼로 망하느니라"고 꾸짖으셨습니다.

인류역사를 보면, 그리스도의 말씀대로 힘을 사용하는 자는 힘에 의하여 망했습니다. 그러나 사랑을 사용하는 자는 사랑에 의하여 흥했습니다. 사랑을 사용하는 자는 인류역사를 창조했고, 빛을 발했으며, 빛을 남겼습니다.


그는 왜 십자가의 고난과 고통에도 아무런 변명도 대항도 하지 않았습니까? 십자가의 고난과 고통이 하나님의 뜻이기 때문입니다. 그리스도의 사명이기 때문입니다. 하나님에게 영광이요 사람에게 평화이기 때문입니다.

그는 십자가의 고난과 고통과 죽음이 오기 전에 겟세마네 동산에 올라가셔서 땀과 눈물과 피를 흘리시며 "아버지여! 나의 원대로 마옵시고 아버지의 원대로 하옵소서!"라고 힘쓰고 애써, 간절히 애절히 기도하셨습니다. 그는 하나님의 뜻이 이루어지기를 원하셨고, 그 뜻을 이루어드리기 위하여 고난을 받으셨습니다.

그는 거짓 증거와 모욕에도 입을 열지 아니하셨고, 비소와 조롱과 희롱에도 입을 열지 아니하셨으며, 채찍에 맞고 창에 찔려도 입을 열지 아니하셨습니다.

> "그는 곤욕과 심문을 당하고 끌려갔으나 그 세대 중에 누가 생각하기를 그가 살아있는 자들의 땅에서 끊어짐은 마땅히 형벌 받을 내 백성의 허물 때문이라 하였으리요."(8)

그는 아무런 변명도 대항도 하지 아니하고, 잠잠히 고요히 곤욕과 심문을 당하고 끌려가셨습니다. 이는 하나님의 백성이 마땅히 형벌 받아 죽을죄를 대속하기 위함이었습니다. 그러나 아무도 자신들의 죄 때문에 그리스도가 그 고난을 받는다고 생각하지 않았습니다. 자기의 죄 때문에 형벌을 받아 십자가에 못 박혀 죽는다고 생각하지 않았습니다. 그 누구도 그가 그리스도의 고난을 받는다고 생각하지 않았습니다. 그래도 그는 입을 열지 아니하셨습니다.

> "그는 강포를 행하지 아니하였고 그의 입에 거짓이 없었으나 그의 무덤이 악인들과 함께 있었으며 그가 죽은 후에 부자와 함께 있었도다."(사 53:9)

그래도 그는 강포를 행하지 아니하셨습니다. 그의 입에 거짓이 없었으나 그의 무덤이 악인들과 함께 있었습니다. 그가 악인들의 죄를 담당하셨기 때문입니다. 그러나 그는 부자의 무덤에 묻혔습니다. 부자 아리마대 요셉의 무덤에 묻혔습니다. "그 묘실이 부자와 함께 되었다"는 예언의 성취입니다. 하늘의 거룩하고 영광스러운 보좌에 앉아계셔야 할 그리스도가 죄의 삯인 죽음의 무덤에 들어가셨다는 것은 하나님의 사랑과 공의입니다.

## 2. 그리스도의 고난으로 죄인이 의롭게 됐습니다(10-11)

> "여호와께서 그에게 상함을 받게 하시기를 원하사 질고를 당하게 하셨은즉 그의 영혼을 속건 제물로 드리기에 이르면 그가 씨를 보게 되며 그의 날은 길 것이요 또 그의 손으로 여호와께서 기뻐하시는 뜻을 성취하리로다."(10)

하나님께서 그리스도가 상함과 질고를 당하게 하셨습니다. 그 영혼을 속건 제물로 드리게 하셨습니다. 속건 제물은 부채를 갚거나 죄 값을 만족시켜 죄인을 놓아 자유와 평화를 누리게 하는 제사입니다. 그리스도를 속건 제물로 드린 것은 하나님의 뜻을 성취해드려 죄인들에게 자유와 평화를 주어 누리게 하는 것입니다. 곧 죄인들을 구원함입니다.

하나님의 뜻은 그리스도의 대속의 죽음으로 그 씨를 보게 되며, 그날이 길 것이라는 말씀은 하나님의 백성이 그리스도를 통하여 많아지고, 그리스도가 재림하여 다스리실 나라가 영원할 것이라는 것입니다.

> "그가 자기 영혼의 수고한 것을 보고 만족하게 여길 것이라 나의 의로운 종이 자기 지식으로 많은 사람을 의롭게 하며 또 그들의 죄악을 친히 담당하리로다."(11)

그리스도의 사랑과 공의로 그리스도를 믿는 자마다 하나님 앞에서 의롭다 칭함을 받습니다. 그가 죄인의 죄 값을 피 흘려 다 씻어주셨기 때문입니다. 첫째 아담 한 사람으로 말미암아 죄인이 된 것 같이 마지막 아담이신 그리스도 한 사람으로 말미암아 의인이 되었습니다. 이것은 전적인 하나님의 은혜입니다.

지난 화요일에 필자의 외손자가 하나님의 품에 안겼습니다. 이 세상에 온 지 17개월 이틀 만에, 날 때부터 죽을 때까지 고통만 겪다가 하나님의 품으로 갔습니다. 입으로 밥 한번 먹지 못하고 말 한마디 못하고 하나님 품에 갔습니다. 죽을 만큼 아팠으나 말 한마디 못하고 조용히 눈을 감고 하나님 품에 갔습니다.

외할아버지 품 안에 안겨 기도를 받으며 하나님 품에 갔습니다. 배고파도 배고프다고 말 한마디 못하고 아파도 아프다고 말 한마디 못하고 고통과 아픔 속에 눈을 감은 이삭이가 너무 마음이 아팠습니다.

필자는 고요히 눈을 감으며 "이삭아! 미안하다! 할아버지의 무지함과 무력함을 용서해 달라"고 했습니다. 그리고 하나님께 감사드렸습니다. 고통에서 해방되어 평화로운 하나님의 나라로 불러주신 하나님의 은혜가 너무 감사했습니다.

십자가를 어깨에 메고 조롱과 비소를 받으며 채찍에 맞으며 십자가를 지고 올라 가시면서도 도살장으로 끌려가는 어린 양처럼 입을 열지 아니하셨습니다. 밤새토록 십자가상에서 물과 피를 쏟으시고, 아침 아홉시에 그리스도는 십자가에 높이 매달리셨습니다.

갑자기 하늘이 어두워졌습니다. 그는 세 시간 이상 피를 흘리시면서 입을 여셨습니다.

"엘리 엘리 라마 사박다니",

"내가 목마르다",

"다 이루었다",

"내 영혼을 부탁하나이다"라고

말씀하시고 운명하셨습니다.


그가 왜 멸시를 받으셨습니까? 그는 왜 찔림을 받으셨습니까? 그는 왜 입을 열지 아니하셨습니까?

나와 너 그리고 우리 때문이셨습니다.

너와 너 그리고 우리의 죄와 허물을 씻어주기 위하심이셨습니다.

하나님의 자녀 되게 하심입니다. 천국시민이 되게 하심이셨습니다.

구원하여 주기 위함이셨습니다.

# 가상칠언架上七言 1
(눅 23:34-43)

창세 이래 인류역사의 최대의 사건은 하나님의 독생자이신 예수 그리스도의 십자가 사건입니다. 그 중에, 가상칠언은 복음의 결언이라 할 수 있습니다. 3언은 어두움 전에 하신 말씀으로 다른 사람에게 하신 말씀이고, 4언은 어두움 후에 하신 말씀으로 자신의 신비롭고 무서운 고통에 관한 말씀입니다.

그 중에서 최후의 1언은 자신의 영혼을 하나님 아버지께 부탁한 말씀입니다. 그리스도가 십자가에 못 박혀 죽으신 성금요일 밤에 그리스도의 가상칠언을 생각하는 것은 매우 뜻 깊은 일이라고 생각합니다. 오늘, 우리에게 주시는 말씀을 우리가 믿음으로 받아 그 말씀과 함께 은혜를 누리고 보답하기를 소원합니다.

## 1언. 아버지 저들을 사하여 주옵소서!

"아버지 저들을 사하여 주옵소서 자기들이 하는 것을 알지 못 함이니이다."(눅 23:34)

"원수의 죄를 용서해주라"는 주님의 말씀은 하나님의 사랑 그 자체입니다. 주님은 평소에 용서하라고 말씀하셨고(마 5:44, 마 18:22, 마 6:14−15) 말씀하신 대로 실천하셨습니다. 이것은 그리스도가 사랑하는 제자들에게 최후로 가르쳐 주신 사랑과 용서입니다.

그리스도교는 사랑과 용서의 종교입니다. 예수는 사랑으로 용서하신 그리스도(메시야)입니다. 그리스도인은 사랑으로 용서하는 성도입니다. 교회는 사랑으로 용서는 사랑의 공동체(共同體)입니다. 천국은 사랑으로 용서 받은 사람들의 낙원(樂園)입니다.

십자가는 그리스도의 사랑과 공의입니다. 사랑이 없는 공의는 사람을 정죄하여 죽입니다. 공의에는 반드시 그리스도의 사랑이 있어야 합니다. 사랑으로 용서하고, 사랑으로 수용해야 합니다. 주님은 십자가 사랑으로 용서하고, 사랑으로 수용하여 죄인을 구원해주셨습니다.

스데반 집사는 돌로 쳐서 죽이는 원수들을 용서하여 주시라고 기도하고 운명하였습니다. 손양원 목사는 두 아들을 죽인 원수를 용서하고 양 아들로 삼았습니다. 제가 아는 김성녀 권사(신월교회)는 남편을 죽인 원수를 용서하고, 함께 교회를 섬겼습니다.

그리스도는 "남에게 대접을 받고자 하는 대로 너희도 남을 대접하라"(눅 6:31)고 말씀하셨습니다. 사랑받기를 원하면 사랑하고, 용서받기를 원하면 용서하라는 말씀입니다. 하나님과의 관계나 사람과의 관계는 상대적입니다. 사랑하면 사랑받고, 용서하면 용서받습니다. 이해해주면 이해를 받고, 수용해주면 수용을 받습니다.

사랑과 용서가 필요 없는 사람은 하나도 없습니다. 사랑과 용서가 있는 마음이 천국이요, 사랑과 용서가 없는 마음이 지옥입니다. 사랑과 용서가 있는 가정이 천국이요, 사랑과 용서가 없는 가정이 지옥입니다. 사랑과 용서가 있는 교회가 천국이요, 사랑과 용서가 없는 교회가 지옥입니다. 사랑과 용서가 있는 사회가 천국이요, 사랑과 용서가 없는 사회가 지옥입니다.

사랑과 용서가 있는 마음, 사랑과 용서가 있는 가정, 사랑과 용서가 있는 교회, 사랑과 용서가 있는 사회, 사랑과 용서가 있는 나라, 사랑과 용서가 있는 민족, 사랑과 용서가 있는 세계를 소원합니까? 내가 사랑과 용서하는 자가 되면 됩니다. 사랑으로 이해하고, 사랑으로 수용해 주면 됩니다.

우리는 사랑으로 용서하고, 사랑으로 이해하고 수용하신 우리 주 예수 그리스도를 믿는 그리스도인입니다. 그리스도인은 그리스도 안에 있고, 그리스도가 그리스도인 안에 있는 자입니다. 그러므로 그리스도인은 사랑으로 용서하고, 사랑으로 이해하고 수용하는 자입니다.

사랑과 용서는 힘으로 능으로 불가능합니다. 그리스도의 영으로만 가능합니다. 사랑과 용서는 울어도, 참아도, 힘써도 불가능 합니다. 우리 주 예수 그리스도를 믿음으로만 가능합니다. 네 믿음대로 되라, 네 믿은 대로 되라, 네 믿음이 너를 구원하였느니라, 믿는 자는 능히 하지 못할 일이 없느니라.

> "믿음은 바라는 것들의 실상이요 보이지 않는 것들의 증거니 이로서 선진들이 증거를 얻었느니라."(히 11:1–2)

그렇습니다. 믿음은 바랄 수 없는 것을 바라는 것입니다. 믿음은 볼 수 없는 것을 보는 것입니다. 믿음은 할 수 없는 것을 하는 것입니다.

경도가 끊어진 여인은 아이를 낳을 수 없습니다. 하늘이 두 쪽이 나도 아이를 낳을 수 없습니다. 천지가 개벽을 해도 아이를 낳을 수 없습니다. 그러나 아브라함의 아내 사라는 아이를 낳았습니다. 믿음으로 아이를 낳았습니다. 이처럼 믿음은 바랄 수 없는 것을 바라는 것입니다. 믿음은 볼 수 없는 것을 보는 것입니다. 믿음은 할 수 없는 것을 하는 것입니다.

우리 가정과 교회, 우리 사회와 우리나라, 우리 민족과 우리가 사는 이 세계가 요구하는 것이 무엇입니까? 무엇이 있어야 하겠습니다. 예수 십자가의 사랑과 용서입니다. 이해와 수용입니다.

인력이 행복입니까? 재력과 권력과 지력과 명력과 미력과 체력이 행복입니까? 이것들은 인간이 살아가는데 필요한 것이나 인간을 행복하게 해주는 것은 아닙니다.

사랑과 용서는 없고, 이해와 수용이 없고 인력만 있는 세상은 지옥입니다. 사랑과 용서의 십자가가 없는 곳은 지옥입니다. 그러므로 십자가가 없는 종교는 참 종교가 아닙니다.

십자가가 없는 교회는 참 교회가 아닙니다.

십자가가 없는 가정은 참 가정이 아닙니다.

십자가가 없는 성도는 참 성도가 아닙니다.

십자가가 없는 의는 참 의가 아닙니다.

십자가가 없는 일은 참 일이 아닙니다.

십자가가 없는 진선의는 참 진선의가 아닙니다.

십자가가 없는 신망애는 참 신망애가 아닙니다.

십자가 사랑으로 용서하고 십자가 사랑으로 이해하고 수용하는 그리스도인이 됩시다. 그곳이 하나님의 나라입니다.


## 2언. 오늘 네가 나와 함께 낙원에 있으리라.

"내가 진실로 네게 이르노니 오늘 네가 나와 함께 낙원에 있으리라."(눅 23:43)

예수와 함께 십자가에 못 박혀 죽어가는 행악자가 "예수여, 당신의 나라에 임하실 때에 나를 기억하소서!" (눅 23:42)라고 간구했습니다. 꺼져가는 등불처럼 가물거리는 행악 자가 예수를 그리스도로 믿고 자기의 죄를 회개하며 "영원한 생명"을 구하는 불쌍하고 가련한 그에게 그리스도는 "오늘 네가 나와 함께 낙원에 있으리라"고 구원을 선포하셨습니다.

"주의 이름을 부르는 자는 구원을 얻으리로다."(롬 10:13)

예수를 그리스도로 믿고 그 이름을 부르는 자는 차별이 없이 구원을 얻는다는 말씀입니다. 인력이 있는 자나 도덕군자가 구원을 받는 것이 아니라 주의 이름을 부르는 자가 구원을 얻습니다. 남녀노소, 빈부귀천, 지식유무, 권력고하, 색깔유무, 동서양인, 인물유무, 종족과 종교의 구별 없이 주의 이름 곧 예수 그리스도의 이름을 부르는 자는 구원을 얻습니다. 이는 하나님의 사랑과 공의와 은혜입니다. 하나님의 전적인 은혜요 불가항력적 은혜입니다.

구원이 무엇입니까? "물에 빠진 자를 건져내어 살린다."는 뜻입니다.

"그는 허물과 죄로 죽었던 너희를 살리셨도다."(엡 2:1)

우리 주님께서 허물과 죄의 바다에 빠진 우리를 건져내어 살려주셨습니다.

**구원이라는 말에는 성경적으로 여섯 가지의 뜻이 있습니다.**

첫째, 건진다는 뜻입니다. 죄악에서(롬 7:24), 환난에서(시

50:15), 시험에서(벧후 2:9) 건진다는 뜻입니다.

둘째, 살린다는 뜻입니다. 죽은 영혼을 살린다(고후 4:14), 죽은 몸을 살린다(요 11:25-26), 질병으로 죽어가는 생명을 살린다(왕하 20:1-6)는 뜻입니다.

셋째, 씻는다는 뜻입니다. 죄를 씻는다(요일 1:7), 부끄러움을 씻는다(삼상 2:21), 더러움을 씻는다(엡 5:26-27)는 뜻입니다.

넷째, 선물을 준다는 뜻입니다. 선택의 선물을 준다(엡 1:4-5), 사랑의 선물을 준다(요일 4:19), 믿음의 선물을 준다(엡 2:8)는 뜻입니다.

다섯째, 자유하게 한다는 뜻입니다. 마귀의 속박에서 자유하게 한다(행 10:38) 죄의 속박에서 자유하게 한다(롬 6:17-18) 죽음의 공포에서 자유하게 한다(히 2:15)는 뜻입니다.

여섯째, 찾는다는 뜻입니다. 길 잃은 자를 찾는다(사 53:6) 낙심한 자를 찾는다(마 26:69-75), 죄 지은 자를 찾는다(눅 5:32)는 뜻입니다.


예수님을 믿고 그리스도를 바라보고, 그리스도를 부르면 구원을 얻습니다(고전 13:13).

행악자가 예수를 그리스도로 믿고, 그를 바라보고 그를 부를 때, 그리스도께서 구원하여 주셨습니다.

죄인의 괴수인 바울도 그리스도를 믿고 그를 바라보고, 그를 부름으로 구원을 얻었습니다.

힘이 없고 연약하며, 무능하고 무력하며, 어리석고 어둔하며, 무지하고 무식해도 예수님을 믿고, 그를 바라보고 그를 부르면 구원을 얻습니다.

죄인중의 죄인이요 괴수 중의 괴수라도 예수님을 믿고, 그를 바라보고 그를 부르면 구원을 얻습니다.

허수아비만도 못하고, 마른 막대기만도 못하며, 고자백이만도 못해도 예수님을 믿고, 그를 바라보고 그를 부르면 구원을 얻습니다.

허물이 많고, 과오가 많으며, 추하고 더러워도, 예수님을 믿고 그를 바라보고 그를 부르면 구원을 받습니다. 차별이 없이 구원을 얻습니다.

예수님을 그리스도로 믿고, 그를 바라보고, 그를 부릅시다. 그리하면 구원을 얻습니다.

어둠에서 구원을 얻습니다.

죄악에서 구원을 얻습니다.

질병에서 구원을 얻습니다.

지옥에서 구원을 얻습니다.

# 가상칠언架上七言 2

(요 19:26c, 요 19:28, 막 15:34)

## 3언. 여자여 보소서 아들이니이다

"여자여 보소서 아들이니이다."(요 19:26c)

"사랑은 죽음보다 강하다"고 성경이 말씀했습니다. 죽기를 각오하고 십자가 밑에까지 따라가신 어머니의 사랑이나 십자가에 못 박혀 죽어가면서도 어머니를 사랑하는 효심은 죽음보다 강한 사랑이었습니다.

예수께서 나인성에 가셨을 때 많은 무리가 동행했습니다. 사람들이 죽은 나인성 과부의 독자(獨子)를 메고 왔습니다. 과부는 슬피 울고 있었습니다. 예수께서 슬피 우는 과부를 보시고 발걸음을 멈추셨습니다. 불쌍히 여기는 마음을 가지신 것입니다.

예수는 슬피 우는 그녀에게 "울지 말라" 말씀하시고, "청년아! 내가 네게 말하노니 일어나라"고 말씀하셨습니다. 우리는 여기에서 사람을 살리는 비결을 알 수 있습니다. 사람을 불쌍히 여기는 마음입니다. 아픔을 어루만지는 손입니다. 그 앞에 멈추는 발입니다. 사람을 살리는 입입니다.

어느 목사님이 목회 중에 교회에 문제가 생겼습니다. 사모님이 그 문제로 충격을 받고 쓰러져 수년 동안 병석에 누워계셨습니다. 목사님이 정성으로 간병을 하셨으나 너무 오랜 세월동안 간병을 하다 보니 심신이 피곤하고 지친 어느 날이었습니다. 목사님이 심방을 다녀오셔서 약을 들고 방안에 들어가면서 마음으로 "그만 죽지! 당신도 고생이고 나도 고생이다," 이렇게 생각하고 아내의 얼굴을 바라보니 마음이 더욱 아파 눈물을 흘리셨습니다.

어찌 된 일인지 그 약을 먹고 사모님이 며칠 후에 하나님의 부름을 받았습니다. 목사님은 마음이 많이 아팠습니다. 마음의 사약이 실제로 사약이 되었던 것입니다. 양심에 가책이 되어 강단에서 말씀을 강론할 수 없어 40일 동안 금식기도를 했습니다. 마음속에 도사리고 있는 거짓된 악성, 육성, 죄성을 버리게 해달라고 슬피 울며 가슴을 치며 힘쓰고 애써, 간절히 애절히 부르짖고 또 부르짖었습니다.

사랑이 어떻게 생겼습니까?
사랑은 남을 나같이 생각하는 머리가 있습니다.
사랑은 배려하는 마음이 있습니다.
사랑은 남을 돕는 손이 있습니다.
사랑은 가난한 자와 곤궁한 자와 상처받은 자에게 재빨리
달려가는 발이 있습니다.
사랑은 비극에 처한 자를 알아보는 눈이 있습니다.
사랑은 사람들의 한숨과 슬픔을 경청하는 귀가 있습니다.

땅의 말들과 하늘의 말들을 유창하게 할지라도 사랑이 없으면 아무 가치가 없습니다. 사랑이 없으면 진실도 의도 아무 가치가 없습니다. 사랑이 없는 믿음도 소망도 구제도 아무 가치가 없습니다. 소

리 나는 구리와 울리는 꽹과리가 될 뿐입니다

사랑은 사랑을 사랑합니다.

사랑은 사랑을 사랑하며 삽니다.

사랑은 사랑을 사랑하다 죽습니다.

참 사랑은 어제나 오늘이나 영원토록 동일합니다. 아가페와 스톨게와 필리아와 에로스의 사랑이 동일합니다.

그리스도의 사랑, 곧 예수 십자가의 사랑을 합시다.

참 사랑을 합시다. 동일한 사랑을 합시다.

우리 주 예수 그리스도를 사랑합시다.

우리 주 예수 그리스도의 몸 된 교회를 사랑합시다.

부모님을 사랑합시다. 그리고 자녀를 사랑합시다.

형제와 자매를 사랑합시다. 그리고 이웃을 사랑합시다.

외식 가식 허식 형식으로 사랑한다고 말하지 말고, 진실함으로 합시다.

## 4언. 엘리 엘리 라마 사박다니

"엘리 엘리 라마 사박다니 하시니 이를 번역하면 나의 하나님, 나의 하나님 어찌하여 나를 버리셨나이까 하는 뜻이라."(막 15:34)

전야에 겟세마네 동산에서 밤을 새가며 힘쓰고, 애써 간절하고 애절하게 필사의 기도를 드리었건만, 오직 하나 밖에 없는 독생자의 부르짖음이건만, 아버지는 끝내 외면해 버리고 십자가에 내 놓으셨습니다.

그리스도는 철저하게 버림을 받으셨습니다.

아래로는 원수들에게 버림을 받으셨고,

옆으로는 행악자에게 버림을 받으셨으며,

위로는 하나님 아버지의 버림을 받으셨습니다.

이렇게 그리스도는 하늘에서도 버림을 받으셨고, 땅에서도 버림을 받으셨습니다.

그리스도는 하나님을 사랑하고 사람을 사랑하셨건만 하나님에게 버림을 받으셨고 사람들에게 버림을 받으셨습니다. 그리스도는 그렇게 철저하게 버림받으실 도덕적인 이유와 윤리적인 이유가 전혀 없으셨습니다. 그런데 왜 그렇게 철저하게 버림을 받으셨습니까?

오로지 우리 때문입니다. 죄와 허물로 죽은 우리 때문입니다.

추하고 더러운 죄로 죽은 우리 때문입니다.

지옥 형벌 받아 마땅한 죄인인 우리 때문입니다.

죄로 말미암아 버림받은 이 죄인 때문입니다.

거짓되고 죄악 되며 불의한 이 죄인 때문입니다.

버림받은 이 죄인을 구원하여 주시려고 우리 주 예수 그리스도께서 철저히 버림을 받으셨습니다. 내가 받을 버림을 그리스도께서 대신 받으셨습니다. 그리고 나를 구원하여 주셨습니다. 하나님의 자녀가 되게 해주셨습니다. 하나님과 화목하게 해주셨습니다. 예수 사랑과 은혜, 긍휼과 인자, 생명과 능력, 자유와 평화, 기쁨과 안식, 평강과 승리, 구원과 영생을 주셨습니다.

우리는 이 사랑과 은혜가 아니면 한 시도 살 수 없습니다. 긍휼과 인자하심이 아니면 한 시도 살 수 없습니다. 이 사랑과 은혜, 긍휼과 인자하심을 바로 깨달아 그리스도를 누리며 이 한 생명을 기쁨으로 드려 보답합시다.

우리도 그리스도처럼 하나님을 사랑하고, 사람들을 사랑하나 하나님에게와 사람들에게 철저하게 버림받을 수 있습니다. 버림받을 도덕적 이유가 없고 윤리적 이유가 없어도 철저하게 버림받을 수 있습니다.

그러나 우리는 그리스도처럼 주를 위하여, 교회를 위하여, 이웃을 위하여 고난을 받고 버림을 받아도 감사하며 일편단심 백절불굴 독야청청 합시다. 죽도록 충성하는 착하고 충성된 종이 됩시다.

그리스도가 나를 버리신 것 같고 사람들이 나를 버린 것 같아도 낙심하지 말고 내 몫에 태인 십자가를 지고 그리스도를 믿고 의지하며 가까이 하고 섬기노라면 때가 이르리니 기쁨으로 단을 거둘 것입니다.

그리스도의 사랑과 은혜, 긍휼과 인자, 생명과 능력, 자유와 평화, 기쁨과 안식, 평강과 승리, 위로와 부요, 구원의 영생의 은혜를 누릴 것입니다.

> "믿음의 주요 또 온전케 하시는 이인 예수를 바라보자 저는 그 앞에 있는 즐거움을 위하여 십자가를 참으사 부끄러움을 개의치 아니하시더니 하나님 보좌 우편에 앉으셨느니라 너희가 피곤하여 낙심치 않기 위하여 죄인들의 이같이 자기에게 거역한 일을 참으신 자를 생각하라."(히 12:2–3)

## 5언. 내가 목마르다

"내가 목마르다."(요 19:28)

'엘리 엘리 라마 사박다니' 를 영혼의 고통이라고 생각한다면 '내가 목마르다' 는 육신의 고통이라고 생각할 수 있습니다. 쇠끝이 달린 가죽채로 맞으시며 십자가에 못 박혀 물과 피를 다 쏟으셨으니 어찌 목이 마르지 아니 하시겠습니까? 주님도 우리와 같이 육신을 가지셨으니 참으로 목이 마르셨을 것입니다. 그러나 그리스도이신 예수는 육신의 고통을 덜기 위하여 죄인들이 주는 신 포도주를 마시지 아니하셨습니다. 그리스도는 그 목마름의 고통도 십자가에 못 박았습니다.

우리 주 예수 그리스도를 믿는 우리도 그리스도를 위하여 또는 교회를 위하여 목마름과 고통이 와도,

죄인들이 주는 신 포도주를 마시지 맙시다.

인정이라는 신 포도주를 마시지 맙시다.

포장한 거짓과 악과 불의의 신 포도주를 마시지 맙시다.

가장하고 포장하고 위장한 신포도주를 마시지 맙시다.


유혹과 시험에 들지 맙시다. 시험은 괴롭습니다. 그러나 시험을 이기면 큰 유익이 됩니다. 인류역사를 창조하고, 인류역사에 빛을 발하고, 인류역사에 빛을 남긴 사람들은 시험을 이긴 사람들입니다. 하나님의 마음에 맞고, 하나님이 보기에 좋으며, 하나님이 기쁘게 쓰는 사람들은 시험을 이긴 사람들입니다.

죄인이 주는 신 포도주를 마시면 죽습니다. 그 신앙과 영혼이 죽습니다. 독약은 조금 마셔도 죽습니다. 우리는 처녀가 처녀성을 지키듯 그리스도인은 그리스도 신앙을 지켜야 합니다. 그리스도 신앙의 정절을 지켜야 합니다.


인간은 싸움꾼이요 지구촌은 싸움터입니다. 그리스도인은 십자가 군병입니다. 십자가 군병은 싸워 이겨야 합니다. 십자가 군병인 그리스도인의 싸움의 대상은 혈기가 아니요 육체도 아닙니다. 가족도 아니요 교인도 아닙니다. 이들은 싸움의 대상이 아니라 사랑의 대

상입니다. 십자가 군병인 그리스도인의 싸움의 대상은 마귀와 세상과 자기 자신입니다.

우리의 마음과 몸을 죄 덩어리로 만들고, 거짓과 죄악과 불의의 도구로 만들며 자유와 평화를 파괴하는 마귀와 세상과 자신입니다. 시험에 들지 말고 그리스도 신앙을 지키고,

그리스도인을 지키며 그리스도의 교회를 지키고,

그리스도의 이름을 지켜야 합니다.

# 가상칠언架上七言 3

(요 19:30, 눅 23:46)

## 6언. 다 이루었다

"다 이루었다 하시고 머리를 숙이니 영혼이 떠나가시니라."(요 19:30)

그리스도가 십자가에 못 박혀 죽으심으로 하나님의 계획과 뜻을 다 이루셨습니다. 주님이 이 세상에 오신 목적을 다 이루셨습니다. 세상 죄를 지고 가는 하나님의 어린양의 사명을 다 이루셨습니다. 죄인들의 죄 값을 다 치루고, 죄인들의 구원을 다 이루셨습니다. 그리스도의 사명을 다 이루셨습니다.

그러므로 우리 주 예수 그리스도를 믿는 그리스도인은 죄에서 해방되었습니다. 자유와 평화를 얻었습니다. 어둠과 죄악과 죽음과 사탄과 지옥의 노예에서 해방되어 자유와 평화를 얻었고 기쁨과 안식을 얻었습니다.

"진리를 알지니 진리가 너희를 자유케 하리라."(요 8:32)

"이는 그리스도 예수 안에 있는 생명의 성령의 법이 죄와 사망의 법에서 너희를 해방하였음이라."(롬 8:2)

하나님의 독생자 그리스도 예수의 십자가의 공의와 공로, 사랑과 은혜, 긍휼과 인자하심의 "생명의 성령의 법"이 죄와 사망의 법에서 해방시켜 주셨습니다. 예수 생명과 능력, 자유와 평화, 기쁨과 안식, 평강과 승리, 위로와 부요, 구원과 영생을 주셨습니다.

그러므로 예수를 그리스도로 믿어 하나님의 자녀가 된 그리스도인은 그리스도의 생명과 능력, 사랑과 은혜, 자유와 평화, 기쁨과 안식, 평강과 승리, 위로와 부요, 구원과 영생을 믿음으로 누려야 합니다.

우리 주 예수 그리스도를 사랑하는 자유, 교회를 사랑하는 자유, 이웃을 사랑하는 자유, 그리스도를 섬기는 자유, 교회를 섬기는 자유, 이웃을 섬기는 자유를 누려야 합니다.


우리도 그리스도처럼 하나님의 뜻을 다 이루어드립시다. 나를 부인하고 내 몫에 태인 십자가를 지고 그리스도를 따르므로 그리스도의 뜻을 다 이루어 드립시다.

"그리스도의 학교에서 제1과는 자기를 부인하는 것이다"(메튜 헨리)라고 말했습니다. 먼저 의인으로서 자기를 부인하고 다음으로 죄인으로서 자기를 부인하는 것입니다. 의인으로서 자기를 부인하지 아니하면 교만한 사람이 되고 죄인으로서 자기를 부인하지 아니하면 패배인생이 됩니다.

내 몫에 태인 십자가를 지고 그리스도를 따라갑시다. 십자가 중에서 가장 큰 십자가는 자기 자신입니다. 자기를 십자가에 못 박아 죽이지 않는 자는 아직 그리스도인이 아닙니다. 육체와 함께 그 정욕과 탐심을 십자가에 못 박아 죽이는 자가 그리스도인이며 참 자유와 평화의 사람입니다.

십자가가 없는 종교는 참 종교가 아닙니다.
십자가가 없는 교회는 참 교회가 아닙니다.
십자가가 없는 성도는 참 성도가 아닙니다.

십자가가 없는 일은 참 일이 아닙니다.

십자가가 종탑에 높이 세워졌다고 참 교회가 아닙니다.

십자가 기를 세우고 일하는 일이 참 일이 아닙니다.

십자가를 목에 걸었다고 참 교인이 아닙니다.

회중 안에 있는 십자가가 참 십자가이며

마음 안에 있는 십자가가 참 십자가이며

삶 속에 있는 십자가가 참 십자가입니다.

나를 부인하고, 네 몫에 태인 십자가를 지고 그리스도이신 예수를 따라갑시다.

## 7언. 아버지여 내 영혼을 아버지 손에 부탁하나이다

"아버지 내 영혼을 아버지 손에 부탁하나이다. 하고 이 말씀을 하신 후 숨지시니라."(눅 23:46)

그리스도는 이 세상에 계실 때도 모든 것을 하나님 아버지께 맡기고 그 뜻대로 순종하며 사심과 같이 최후의 죽음도 하나님 아버지께 맡기고 숨지셨습니다. 우리 그리스도인 또한 그리스도처럼 하나님 아버지께 내 인생을 맡기고 살고 최후의 죽음도 맡깁시다. 하나님께서 말씀하신 대로 우리의 모든 것을 맡깁시다.

염려를 맡깁시다.

"너희 염려를 다 주께 맡기라 이는 그가 너희를 돌보심이라."(벧전 5:7)

행사를 맡깁시다.

"너의 행사를 여호와께 맡기라 그리하면 네가 경영하는 것이 이루어지
리라."(잠 16:3)
짐을 맡깁시다.

"네 짐을 여호와께 맡기라 그가 너를 붙드시고 의인의 요동함을 영원히
허락하지 아니하시리로다."(시 55:22)

길을 맡깁시다.

"네 길을 여호와께 맡기라 그를 의지하면 그가 이루시고"(시 37:5)

원수 갚는 것까지 맡깁시다.

"내 사랑하는 자들아 너희가 친히 원수를 갚지 말고 하나님의 진노하심
에 맡기라. 기록되었으되 원수 갚는 것이 내게 있으니 내가 갚으리라고
주께서 말씀하시니라"(롬.12:19)

우리는 우리 주, 예수, 그리스도를 믿습니다. 우리는 예수를 우리
"주"로 믿습니다. 창조주, 구속주, 심판주로 믿습니다. 우리는 예수
를 "예수"로 믿습니다. 자기 백성을 저희 죄에서 구원할 자로 믿습
니다. 우리는 "그리스도"로 믿습니다. 우리를 다스리는 왕이요 우
리를 대신하는 제사장이요, 우리를 가르쳐 인도하는 선지로 믿습니
다. 곧 메시야로 믿습니다.

우리 주 예수 그리스도는 우리의 길이요 진리요 생명이시며 힘이
요 빛이요 답이십니다. 믿음이요 소망이요 사랑이시며, 신랑이요
선생이요 친구십니다. 선한 목자요 주치 의사요 의로운 재판자이십
니다. 검이요 방패요 산성이시며, 피난처요 요새요 거처십니다. 우
리 하나님, 우리 구주십니다.

우리의 염려와 행사와 길과 짐과 원수 갚는 것까지 맡깁시다. 믿

음으로 맡깁시다. 우리는 하늘에도 주님 밖에 없고, 땅에도 주님 밖에 없습니다. 주님이 없으면 우리는 없습니다. 우리는 우리 주 예수 그리스도 없이는 못 삽니다. 우리는 은혜로 살아왔고 살고 있으며 살아가고 있습니다. 주님 없이는 한 시도 살수 없습니다.

주님 없는 나는 없습니다. 주님이 아니면 아무 것도 아닙니다. 아무 것도 할 수 없습니다. 우리 주 예수 그리스도만이 나를 압니다. 나의 사정과 실정과 처지와 형편을 아십니다. 나의 환경과 현실과 현세와 대세를 아십니다. 염려와 행사와 짐과 길을 맡깁시다. 우리 주 예수 그리스도께서 담당하셨고 대신하셨습니다.

## 결론

1언, 사랑으로 용서하며 삽시다.

2언, 사랑으로 함께하며 삽시다.

3언, 끝까지 사랑합시다.

4언, 버림받아도 감사하며 삽시다.

5언, 인간의 신 포도주를 마시지 맙시다.

6언, 자유와 평화를 누리며 삽시다.

7언, 인생을 맡기고 삽시다.

# 가시 면류관 1

(마 27:27-31)

우리 주 예수 그리스도는 하나님의 본체이십니다. 천군천사가 경배하고, 수종들며 모든 나라와 권세가 경배하고 섬길 세세무궁토록 영광을 받으실 하나님이십니다.

"하나님이 세상을 이처럼 사랑하사 독생자를 주셨으니 이는 저를 믿는 자마다 멸망치 않고 영생을 얻게 하려 하심이라."(요 3:16)

하나님께서 '이처럼 사랑하사' 독생자 예수 그리스도를 이 땅에 보내주셨고 하나님의 독생자 예수 그리스도는 '이처럼 사랑하사' 이 땅의 죄인들을 찾아오셨습니다. 우리 주 예수 그리스도의 "이처럼 사랑"은 미친 사랑이요, 짝 사랑이요, 다한 사랑입니다.

우리 주 예수 그리스도의 사랑은 미친 사랑입니다.

미친 사랑은 환경의 지배를 받지 않고, 사랑의 지배를 받습니다.

미친 사랑은 사정과 실정과 처지와 형편을 따르지 않고, 사랑을 따릅니다.

미친 사랑은 환경과 현실과 현세와 대세를 따르지 않고, 진리를 따릅니다.

우리 주 예수 그리스도는 사랑에 미쳐 하늘 국경을 넘어 이 땅에 죄인들을 찾아오셨습니다. 죄인을 위하여 죄인의 죄를 담당하고 죄인의 죄를 대신하여 십자가에 못 박혀 죽으셨습니다. 미치지 않고는 하나님이 사람이 될 수 없습니다. 미치지 않고는 죄인을 위하여 십자가에 못 박혀 죽으실 수 없습니다. 사랑에 미쳐 하나님이 사람이 되셨고, 죄인을 위하여 십자가에 못 박혀 죽으셨습니다.

미친 사랑은 막을 수 없습니다. 사람의 인력으로 막을 수 없습니다. 죽음도 막을 수 없습니다. 십자가의 죽음도 막지 못했습니다. 사랑은 사랑을 사랑합니다. 우리 주 예수 그리스도는 사랑을 사랑하고 사랑을 사랑하다 죽은 미친 사랑입니다.


그리스도의 사랑은 짝 사랑입니다.
짝 사랑은 혼자 사랑하는 사랑입니다.
그리스도는 혼자 사랑하므로 우리를 선택하여 주셨고
혼자 사랑하므로 십자가에 못 박혀 죽으셨으며
혼자 사랑하시므로 죽음의 권세 깨뜨리시고 부활하셨고
혼자 사랑하시므로 나와 영원히 살 신방(新房)을 꾸미려고
하늘에 올라 가셨으며
혼자 사랑하시므로 보혜사 성령을 보내 주셨고
혼자 사랑하시므로 친히 꾸민 신방에서
영원히 함께 사시려고 나를 데리려 재림하십니다.
혼자만의 짝 사랑은 늘 마음이 아픕니다.
우리 주 예수 그리스도는 늘 마음을 아파하셨습니다.


그리스도의 사랑은 다한 사랑입니다.
마음과 뜻과 정성과 지혜와 목숨을 다한 사랑입니다.
몸과 마음과 기도와 찬미와 물질을 다한 사랑입니다.

눈물도 땀도 피 한 방울까지 다 흘려주신 다한 사랑입니다. 그리스도의 사랑은 남긴 것이 없었습니다.

그리스도는 다하여 주셨습니다. 성육신 하신 것, 십자가에 못 박혀 죽으신 것, 죽음의 권세 깨뜨리고 부활하신 것, 하늘로 올라가신 것, 보혜사 성령님을 보내 주신 것, 우리와 영원히 살 신방을 꾸미고 계시는 것, 모두 마음과 뜻과 목숨을 다하여 주셨고, 주고 계시며 주고 계십니다.

그리스도의 사랑은 진실하고 동일합니다.

어제나 오늘이나 영원토록 진실하고 동일합니다.

그리스도의 사랑은 변함이 없습니다. 다한 사랑입니다.

> "그가 찔림은 우리의 허물 때문이요 그가 상함은 우리의 죄악 때문이라 그가 징계를 받음으로 우리는 평화를 누리고 그가 채찍에 맞음으로 우리는 나음을 받았도다."(사 53:5)

그리스도는 로마 총독 빌라도에게 재판을 받으셨습니다. 명절에 죄수 하나를 석방하는 관례를 따라 빌라도는 "사형수 바라바냐? 그리스도 예수냐?"고 군중들에게 물었습니다. 제사장들의 돈에 매수된 군중들은 "바라바를 놓아주고 예수를 십자가에 못 박으라!"라고 소리쳤습니다.

빌라도는 그리스도의 무죄를 알면서도 군중들이 두려워 바라바를 놓아주고 그리스도를 십자가에 못 박아 죽이라고 사형을 선고했습니다.

총독의 병사들은 그리스도를 총독의 관저로 끌고 가서 그리스도의 옷을 벗기고 홍포를 입혀 가시로 관을 만들어 머리에 억지로 눌러 씌우고 오른 손에 갈대를 들리고, 그 앞에 무릎을 꿇고 "유대인의 왕 만세!"하며 조롱하고, 희롱하며 무시하고 멸시했습니다. 그리고 침을 뱉으며 갈대를 빼앗아 머리를 때렸습니다. 홍포를 벗기고 그리스도에게 옷을 도로 입혀 십자가에 못 박으려고 끌고 갔습니다. 이것은 병사들이 한 짓이지만 깊은 의미가 있습니다.

로마의 병사들은 그리스도의 옷을 벗겼습니다. 그리스도는 죄인의 더럽고 추한 죄의 수치를 덮어 주려고, 그리스도이신 예수께서 친히 벌거벗는 수치를 당하셨습니다. 그리하여 예수를 그리스도로 믿는 그리스도인에게 입혀 줄 흰옷을 준비했습니다.

홍포는 왕과 황제들이 입는 옷입니다. 그리스도에게 홍포를 입힌 것은 "유대인의 왕이라" 불린 것에 대한 모욕입니다. 그리스도는 우리의 메시야(그리스도)십니다. 왕 제사장 선지자십니다. 우리를 다스리는 왕이요 대신하는 제사장이요 가르쳐 인도하시는 선지자십니다. 우리의 주홍 같은 붉은 죄를 씻어주셨습니다.

채찍은 무서운 능욕입니다. 그리스도가 채찍에 맞은 것은 이사야 선지자의 예언한 대로 "그가 채찍에 맞으므로 우리가 나음을 입었도다."(사53:5)라는 말씀을 성취하신 것입니다. 인생은 환자입니다. 마음도 아프고 몸도 아픈 환자입니다. 인생은 그 병을 앓다가 죽습니다. 그러나 예수를 그리스도로 믿으면 그가 채찍에 맞아 흘리신 피로 씻어 주셔서 마음의 병도 몸의 병도 고쳐주십니다.(벧전 1:24-25)

손에 갈대를 들려준 것은 갈대로 왕의 홀을 대신하여 조롱한 것입니다. 이것은 바람에 흔들리는 갈대 같은 힘이 없고 연약하며 무능하고 무력하며, 어리석고 어둔하며, 무지하고 무식한 죄인들을 지켜 보호하여 주시며, 붙들어 인도하여 주시며, 싸워 이겨주시며, 함께 동행해주시는 나의 왕이요 제사장이요 선지자심을 보여준 것입니다. 갈대를 빼앗아 그리스도가 쓰신 가시 면류관을 때리므로 가시가 머리에 깊이 박혔고 그리스도의 보배로운 피가 흘려 내렸습니다. 그 피는 죄인들의 고민과 질병과 저주와 죄악을 씻어내는  치유해주는 피입니다.

그리스도가 쓰신 가시 면류관은 깊은 신령한 뜻이 있습니다. 그리스도가 쓰신 가시 면류관은 속량으로 오는 평화의 면류관입니다. 고침으로 오는 평강의 면류관입니다. 사심으로 오는 승리의 면류관입니다. 가시로 오는 안식의 면류관입니다. 이 신령한 면류관은 예수를 그리스도로 믿는 그리스도인에게 주시는 면류관입니다.

## 1. 평화의 면류관(사 53:4-6, 창 3:17-19)

지상의 왕들은 그 머리에 금 면류관을 씁니다. 권세와 부귀와 영화와 존귀의 면류관을 씁니다. 그리고 저주와 가난과 고통과 아픔의 면류관은 백성들에게 씌웁니다. 그러나 우리의 왕이신 우리 주 예수 그리스도는 저주와 가난과 고통과 아픔의 면류관은 친히 당신이 쓰시고, 그 백성들에게는 자유와 평화의 면류관을 씌우십니다.

그리스도는 머리에는 가시관을 쓰셨고, 양손과 양발에는 쇠로 만든 가시가 박혔습니다. 이것은 첫째 아담이 지은 죄로 우리에게 전

가된 저주가 마지막 아담이신 그리스도의 몸에 옮겨졌습니다. 죄는 첫째 아담이 짓고 저주는 마지막 아담이신 우리 주 예수 그리스도께서 받으셨습니다.

하나님을 떠난 인간이 밟는 땅이 저주를 받았고, 하나님을 떠난 인간의 심전(心田)도 가시와 엉겅퀴로 뒤엉켜 비참하게 되었습니다. 인류역사는 죽이고 죽고, 멸망시키고 멸망당하는 비참한 전쟁사입니다.

"오호라 나는 곤고한 사람이로다. 이 사망의 몸에서 누가 나를 건져내랴."(롬7:24) 라고 바울이 절규한 것처럼 우리 또한 "오호라 나는 괴로운 사람이로다. 이 저주의 세상에서 누가 나를 건져내랴."라고 절규합니다.

> "그리스도께서 우리를 위하여 저주를 받은바 되사 율법의 저주에서 우리를 속량하셨으니 기록된바 나무에 달린 자마다 저주 아래 있는 자라 하였음이라. 이는 그리스도 예수 안에서 아브라함의 복이 이방인에게 미치게 하고 또 우리로 하여금 믿음으로 말미암아 성령의 약속을 받게 하려 함이니라."(갈 3:13–14)

하나님의 말씀에 불순종하여 율법의 저주 아래 놓인 인생이 마지막 아담이신 그리스도가 대신 저주의 가시 면류관을 쓰심으로 저주로부터 해방시켜 자유와 평화를 주셨습니다. 이는 불가항력적 은혜입니다. 효과적 부름이라고도 합니다.

하나님의 부르심은 우리의 행위대로가 아니라 하나님의 뜻과 은혜대로 이고(딤후1:9), 우리를 구원하심은 우리의 의로운 행위가 아니라 하나님의 긍휼과 인자, 사랑과 은혜입니다.(딛 3:5) 곧 우리를 불러 저주로부터 해방시켜 구원하여 주심은 우리의 행위와 상관없이 하나님의 긍휼과 인자와 사랑과 은혜라는 것입니다.(엡 2:4–5)

하나님의 자녀로 부르셔서 구원하심에는 인간의 어떠한 행위도 필요하지 않고, 오직 하나님의 전능만이 선포되어집니다.

> "영접하는 자 곧 그 이름을 믿는 자들에게는 하나님의 자녀가 되는 권세를 주셨으니 이는 혈통으로나 육정으로나 사람의 뜻으로 나지 아니하고 오직 하나님께로서 난 자들이니라."(요 1:12-13)

사람은 부정모혈로 자녀를 낳습니다. 그러나 하나님은 우리 주 예수 그리스도를 영접하게 하여 하나님의 자녀를 낳습니다. 혈통으로나 육정으로나 사람의 뜻으로 낳지 않습니다. 하나님께로서 낳습니다.

> "우리를 구원하시되 우리의 행한 바 의로운 행위로 말미암지 아니하고 오직 그의 긍휼하심을 좇아 중생의 씻음과 성령의 새롭게 하심으로 하셨나니 성령을 우리 구주 예수 그리스도로 말미암아 우리에게 풍성히 부어 주사 우리로 저의 은혜를 힘입어 의롭다 하심을 얻어 영생의 소망을 따라 후사가 되게 하려 하심이라."(딛 3:5-7)

우리 주 예수 그리스도께서 가시 면류관을 쓰심으로 더럽고 추한 우리를 죄의 저주로부터 해방시켜 자유와 평화를 주셨으니 예수를 그리스도로 믿는 믿음과 사랑으로 서로 나누며, 서로 누리며 삽시다. 그리고 그리스도를 위하여, 교회를 위하여, 이웃을 위하여 우리도 가시 면류관을 믿음과 사랑으로 쓰고 죽도록 충성합시다.

# 가시 면류관 2
(마 11:28-30)

우리 주 예수 그리스도는 가시 면류관을 쓰셨습니다. 첫째 그 가시면류관은 평화의 면류관입니다.

## 2. 평강의 면류관

> "수고하고 무거운 짐 진 자들아 다 내게로 오라 내가 너희를 쉬게 하리라 나는 마음이 온유하고 겸손하니 나의 멍에를 메고 내게 배우라.그러면 너희 마음이 쉼을 얻으리니 이는 내 멍에는 쉽고 내 짐은 가벼움이라 하시니라."(마 11:28-30)

무지몽매한 군병들은 가시로 만든 관을 그리스도의 머리에 억지로 씌웠습니다. 쇠못으로 만든 가시로 그리스도의 양손과 양발에 박았습니다. 쇠못보다 더 큰 쇠창으로 주님의 옆구리를 찔렀습니다. 이는 우리의 상처를 치료해주시기 위해서입니다.

스펄전 목사가 말하기를, "그리스도의 머리에 피 흘리게 한 면류관 가시는 신비한 수술 도구가 될 것이다. 이 가시를 취하여 침으로 사용하면 정욕과 열정의 피를 뽑아내어 교만의 열을 감소시킬 것이며 타오르는 육신의 정욕에서 발산되는 죄의 고통을 신비하게 치료해 줄 것이다"라고 했습니다.

가정에서, 교회에서, 사회에서 찌르는 가시가 있습니다. 선한 일을 하다가 오해 받을 때도 있고, 교회에서 충성하다가 허망스런 일로 마음의 상처받을 때가 있습니다. 사랑으로 호의를 베풀었건만 배신과 배반으로 마음의 큰 상처를 입고 낙망할 때가 있습니다.

그러나 낙망하지 마십시오. 우리 주 예수 그리스도가 가시 면류관 쓰시고 흘리신 피로 그 상처를 씻어주셨습니다. 상처 난 몸과 마음을 치료하여 주셨습니다. 그리고 우리에게 그리스도의 평강을 주셨습니다. 우리가 우리 주 예수 그리스도를 영접하면 평강을 누립니다.

## 3. 승리의 면류관

로마 군병들은 가시로 엮어 면류관을 만들어 그리스도의 머리에 씌웠습니다. 그리스도는 손과 발에 쇠못으로 만든 가시에 박히고, 옆구리에 찔리어 물과 피를 다 쏟으시고 죽으셨습니다. 그러나 그리스도는 3일 만에 죽음의 권세, 어둠의 권세, 마귀의 권세, 죄악의 권세, 지옥의 권세를 깨뜨리시고 부활하셨습니다. 그리스도는,

죽음을 부활의 영광으로,

어둠을 광명의 영광으로,

마귀를 그리스도의 영광으로,

죄악을 자유의 영광으로,

지옥을 천국의 영광으로 바꾸셨습니다.

때로는 그리스도를 믿음으로, 교회를 위하여 헌신함으로, 이웃을 위하여 봉사함으로, 천국을 건설하려고, 전도나 선교하다가 가시에 찔려 고통 할 때가 있습니다. 고난의 가시가 우리를 괴롭힐 때가 있습니다. 감사합시다. 반드시 싸워 이겨 주실 것입니다.

사랑하는 그리스도인 여러분, 우리는 이 고난의 가시로 면류관을

만들어야 합니다. 승리의 면류관을 만들어야 합니다. 믿음으로 산 위인들은 한결 같이 고난의 가시로 면류관을 만들어 쓴 사람들입니다. 그리하여 승리의 면류관을 썼습니다.

사도 바울은 고난의 가시로 면류관을 만들어 씀으로 인류역사를 창조했고, 인류역사에 빛을 발했으며, 인류역사에 빛을 남겼습니다.

그는 복음으로 세계를 정복했습니다.

그는 그리스도로 세계를 정복했습니다.

그의 몸에는 가시가 있었습니다.

그는 가시를 제거해달라고 간절히 기도했습니다.

우리 주 예수 그리스도는 그의 기도에 '아니다' 로 대답하시고, "내가 네게 준 은혜가 족하다"라고 말씀하셨습니다. 그리고 그리스도는 그에게 더 큰 가시로 관을 만들어 씌웠습니다. 바울은 그리스도가 씌워준 고난의 가시관을 쓰고 세계를 복음으로 정복했습니다.(고후 12:10) 우리도 우리 주 예수님께서 씌워주신 가시관을 쓰고, 젖과 꿀이 흐르는 가나안을 정복합시다. 젖과 꿀이 흐르는 가나안 정복은 하나님이 하십니다.

## 4. 안식의 면류관

"돈을 사랑함이 일만 악의 뿌리가 되나니 이것을 사모하는 자들이 미혹을 받아 믿음에서 떠나 많은 근심으로써 자기를 찔렀도다 오직 너 하나님의 사람아 이것들을 피하고 의와 경건과 믿음과 사랑과 인내와 온유를 좇으며 믿음의 선한 싸움을 싸우라 영생을 취하라 이를 위하여 네가 부르심을 입었고 많은 증인 앞에서 선한 증거를 증거하였도다."(딤전 6:10-12)

인간에게 죽음을 가지고 오는 가시는 죄입니다. 그리스도는 죄의 가시에 찔려 죽으심으로 그 피로 씻어 그리스도의 생명과 능력, 사랑과 은혜, 자유와 평화, 기쁨과 안식, 평강과 승리, 위로와 부요, 구원과 영생을 주셨습니다.

오늘날, 많은 그리스도인들이 그리스도를 멀리하여 저주의 가시에 찔려 아파 괴로워하며 고통하고 있습니다. 몸과 마음을 찌르는 가시, 가정과 직장에서 찌르는 가시, 교회와 사회에서 찌르는 가시가 어디에서 왔습니까? 모두 그리스도이신 예수를 멀리하고 불신하므로 왔습니다.  우리 주 예수 그리스도를 가까이 하지 않고, 우상을 가까이 하므로 왔습니다.

우상에는 보이는 우상과 보이지 않는 우상이 있습니다.

보이는 우상은 목석(木石) 같은 것으로 만든 우상이요

보이지 않는 우상은 마음속에 품고 있는 우상입니다.

보이는 우상보다 보이지 않는 우상을

우리 주 예수 그리스도는 미워하십니다.

우상이 무엇입니까? 우리 주 예수 그리스도보다 더 사랑하는 것입니다. 그리스도인은 자신도 가족도 이웃도 사랑해야 합니다. 돈도 사랑해야 합니다. 그러나 그리스도보다 더 사랑하면 그것들이 우상입니다.  사랑하는 가족을 우상으로 만들지 말고, 이 세상에 살아가는데 절대 필요한 재물을 우상으로 만들어 섬기지 말며 먼저 그리스도를 사랑하고 그리스도의 몸 된 교회를 사랑하고 섬기며 삽시다.


독수리가 집을 지을 때 가시로 짓습니다. 가시로 짓는 목적은 두 가지입니다. 첫째는 강한 독수리로 만들기 위함이요 둘째는 새끼를 보호하기 위함입니다. 인류역사에 빛을 남긴 사람들은 고난의 터널을 통과한 사람들입니다. 용광로를 통과하지 하지 아니한 지금(地金)은 99% 정금이 될 수 없습니다. 99% 정금은 모두 용광로를 통과한 지금입니다.

찌르는 가시의 아픔은 하나님의 사랑과 은혜입니다. 강한 그리스도인으로 만드시려고 주신 사랑과 은혜이며, 다른 적들이 침범하지 못하게 하는 사랑과 은혜입니다.

독수리가 사냥하기 위하여 쏜살 같이 내려오면 작은 새들이 어디에 숨습니까? 가시덩굴 속으로 숨습니다. 왜입니까? 그곳이 안전한 피난처이기 때문입니다. 그리스도가 가시로 만든 면류관을 쓰신 것은 예수를 그리스도로 믿는 하나님의 자녀들에게 예수 사랑과 은혜, 생명과 능력, 자유와 평화, 기쁨과 안식, 평강과 승리, 위로와 부요, 구원과 영생을 주기 위함이십니다.

가시로 만든 면류관을 쓰신 우리 주 예수 그리스도 안에 숨으면 안전합니다. 가시로 만든 면류관은 그리스도인들의 검이요 방패요 산성이요, 피난처요 요새요 거처입니다. 그리스도가 쓰신 가시 면류관은 그리스도인의 평화와 평강과 승리와 안식의 면류관입니다.

# 고난의 원리 1

(마 26:38)

"이에 말씀하시되 내 마음이 매우 고민하여 죽게 되었으니 너희는 여기 머물러 나와 함께 깨어 있으라 하시고(마 26:38)

이 세상, 모든 사람은 고통당하며 삽니다. 고통이 없는 사람은 하나도 없습니다. 그러면 사람은 끝까지 고통 속에서 고통하며 살아야 합니까? 이 고통에서 해방되어 자유와 평화, 기쁨과 안식을 누리며 살 수는 없습니까?

성경이 그 한 길을 가르쳐 주었습니다. 하나님의 독생자 예수를 그리스도(메시야)로 영접하면 됩니다. 곧 예수를 그리스도로 믿으면 됩니다.(요1:12) 왜입니까? 예수가 그리스도(메시야)이시기 때문입니다.

그는 우리 죄인을 다스리는 왕이요 우리 죄인을 대신하는 제사장이요 우리 죄인을 가르쳐 인도하는 선지자입니다.

곧 예수 그리스도가 우리의 길이요 진리요 생명이며,

힘이요 빛이요 답이며, 믿음이요 소망이요 사랑이며,

선한 목자요 주치 의사요 의로운 재판장이며,

검이요 방패요 산성이며, 피난처요 요새요 거처이며,

신랑이요 선생이요 친구이기 때문입니다.

곧 그가 우리의 하나님이요 구주이기 때문입니다.

그러므로 예수를 그리스도로 믿으면 예수 생명과 능력, 사랑과 은

혜, 긍휼과 인자, 자유와 평화, 기쁨과 안식, 평강과 승리, 위로와
부요, 구원과 영생을 누리게 됩니다. 이것은 예수 십자가의 사랑과
공의와 은혜입니다. 전적인 하나님의 사랑과 은혜입니다. 절대 하
나님의 긍휼과 인자하심입니다.

> "그러므로 이제 그리스도 예수 안에 있는 자에게는 결코 정죄함이 없나
> 니 이는 그리스도 예수 안에 있는 생명의 성령의 법이 죄와 사망의 법에
> 서 너를 해방하였음이라."(롬 8:1-2)

그리스도께서 우리를 위하여 우리의 죄를 담당하시고 우리의 죄
를 대신하여 십자가에 못 박혀 죽으셨고, 그 십자가 위에서 "다 이
루었다"고 선포하시고 죽으셨으며 장사한지 사흘 만에 부활하셨습
니다. 어둠의 권세, 죄악의 권세, 죽음의 권세, 사단의 권세, 지옥의
권세를 깨뜨리시고 부활하셨습니다. 그리하여 우리를 고통에서 해
방시켜 자유와 평화를 주셨고 기쁨과 안식을 주셨으며 구원과 영생
을 주셨습니다.

> "진리를 알지니 진리가 너희를 자유롭게 하리라."(요 8:32)

그리스도이신 예수께서 십자가에 못 박혀 죽으셨습니다. 죄인들
을 위하여 죄인들의 죄를 담당하고 죄인들의 죄를 대신하여 십자가
에 못 박혀 죽으셨습니다. 그 고난에는 원리가 있습니다. 예수 십자
가 고난의 원리가 무엇입니까?

## 1. 생명 창조의 원리

> "자기 목숨을 얻는 자는 잃을 것이요 나를 위하여 자기 목숨을 잃는 자
> 는 얻으리라"(마10:39)

하나님이 처음 사람을 만드실 때는 고난과 고통이 없는 사람으로 만드셨습니다. 죄가 전혀 없는 사람으로 만드셨습니다. 흙으로 빚어 그 코에 생기를 불어넣어 만드셨습니다.

그런데 처음의 사람이 하나님의 말씀을 따르지 않고, 마귀의 말을 따름으로 범죄 타락하게 되었습니다. 그 결과, 의인이 죄인이 되어 고난과 고통하게 되었습니다. 그러나 하나님이 범죄 타락한 사람을 다시 만드실 때는 하나님의 독생자 예수 그리스도의 십자가 고난과 고통을 통하여 만드셨습니다. 사람이 처음 병이 났을 때 고치는 것보다 재발했을 때 고치는 것이 더욱 힘이 듭니다. 황달 같은 것은 재발하면 죽게 됩니다.

만물계에서도 죽음이 생을 낳는 역설적인 원리가 많이 있습니다. 모든 식물의 죽음을 상징하는 추운 겨울이 지나야 생명이 약동하는 양춘가절이 옵니다. 모든 씨알은 땅에 묻혀 죽어야 새싹이 나고 꽃이 피고 열매를 맺습니다. 산모가 죽음의 고통을 체험해야 새 생명이 태어납니다. 어머니의 희생이 있어야 훌륭한 자식이 나오고 목사가 희생해야 건강한 하나님의 교회가 나옵니다.

> "내가 진실로 진실로 너희에게 이르노니 한 알의 밀이 땅에 떨어져 죽지 아니하면 한 알 그대로 있고 죽으면 많은 열매를 맺느니라."(요 12:24)

한 알의 밀의 희생에는 네 가지 원리가 있습니다. 죽음의 원리와 미움의 원리와 묻힘의 원리와 드림의 원리입니다. 내가 죽어야 교회가 살고, 나를 미워해야 교회가 사랑을 받으며, 내가 묻혀야 교회가 살아나며, 나를 드려야 교회가 풍성한 열매를 맺습니다. 희생이 없으면 생명도 없고, 희생이 있으면 생명도 있습니다. 착한 사마리아 사람의 정신적인 희생과 시간적인 희생과 물질적인 희생으로 강도만난 사람이 살았습니다. 주님의 십자가의 희생으로 죄인이 살았습니다.

> "자기 목숨을 얻는 자는 잃을 것이요 나를 위하여 자기 목숨을 잃는 자는 얻으리라."(마 10:39)

자기를 고집하는 사람은 자기를 잃게 되고, 자기를 포기하는 사람은 자기를 얻게 됩니다. 바울 사도는 자기가 소유한 모든 것을 배설물로 여김으로 그는 인류역사를 창조하였고 인류역사에 빛을 발했으며, 인류역사에 빛을 남겼습니다.

그리스도는 쓰리고 아픈 십자가, 고난과 고통의 십자가, 비소와 비난의 십자가, 희롱과 조롱의 십자가, 무시와 멸시의 십자가에 못 박혀 죽으심으로 죄인이 자유와 평화를 얻었고 기쁨과 안식을 얻었으며 구원과 영생을 얻었습니다.

믿습니까? 그렇다면 우리도 우리 주 예수 그리스도와 그의 몸 된 교회를 위하여 쓰리고 아픈 십자가, 고난과 고통의 십자가, 비소와 비난의 십자가, 희롱과 조롱의 십자가, 무시와 멸시의 십자가를 지고 우리 주 예수 그리스도를 따라갑시다. 그리하면 예수 생명과 능력, 자유와 평화, 기쁨과 안식, 평강과 승리, 사랑과 은혜, 긍휼과 인자, 위로와 부요, 구원과 영생을 얻습니다. 생명창조의 역사가 있습니다.

# 고난의 원리 2

(마 26:38)

고난이 없는 사람은 없나니 하나도 없습니다. "진리를 알지니 진리가 너희를 자유케 하리라."고 말씀하셨습니다. 고난은 생명을 창조합니다. 그리스도의 고난이 새 생명을 창조했습니다. 예수 십자가의 고난으로 새 생명을 창조했습니다.

## 2. 우주 창조의 원리

"형제들아 내가 그리스도 예수 우리 주 안에서 가진 바 너희에 대한 나의 자랑을 두고 단언하노니 나는 날마다 죽노라."(고전 15:31)

하나님은 말씀 한 마디로 우주만물을 창조하셨습니다. 이 만물은 하나님이 부여하신 능력대로 움직였습니다. 천체는 천체대로, 인간은 인간대로, 동물은 동물대로, 식물은 식물대로, 생물은 생물대로, 무생물은 무생물대로, 제 구실을 하도록 제각기 필요한 능력을 부여하셨습니다.

하나님이 만드신 것 중에 그 무엇도 필요하지 않은 것은 하나도 없습니다. "저녁이 되며 아침이 되니… 하나님 보시기에 좋았더라"고 했습니다. 저녁도, 아침도 필요했습니다. 심지어 악의 세력까지도 필요했습니다. '필요악' 이란 말이 있지 않습니까?

하나님은 악을 막거나 멸하지 아니하시고 심판하실 그 때까지 그대로 두고 계십니다. "가라지를 뽑지 말고 그대로 두라"고 말씀하신 주님은 배신자, 배반자인 가룻 유다를 그대로 놓아두시고 당신이 친히 십자가에 못 박혀 죽으셨습니다.

악은 파괴의 성질을 가지고 있습니다.

악의 세력은 하나님의 형상까지도 파괴하고, 하나님의 말씀도 파괴하며, 하나님의 교회도 파괴하고, 하나님의 자녀도 파괴합니다.

악의 세력은 자유와 평화, 기쁨과 안식을 파괴하고, 가정과 직장, 사업과 건강까지도 파괴합니다.

그런데 하나님은 그 악이 곪아 문드러질 때까지

내버려 두시는 경우도 많이 있습니다.

이것을 하나님의 우주 창조의 원리라고 합니다.


열 두 영도 더 되는 하늘의 군대가 있었습니다. 그럼에도 그리스도는 그 악당들에게 체포되어 주셨고, 십자가에 못 박혀 죽으셨습니다. 그리스도는 그 악을 고치려 하지 않으시고, 그 악을 친히 담당하시고 십자가에 못 박혀 죽으셨습니다. 그 아픔과 고통이 얼마나 컸겠습니까?


이 세상이 끝날 때까지 악은 존재합니다. 그리스도께서 산자와 죽은 자를 심판하러 오실 때까지 악은 끝까지 존재합니다. 하나님은 악이 자기 구실을 하도록 내버려 두십니다. 이 우주 창조의 원리 때문에 우리 주 예수 그리스도께서 십자가에 못 박혀 죽으셨습니다.

거룩한 그리스도의 몸 된 교회는 선한 사람이 대접을 받고 악한 사람이 버림을 받아야 하며, 선한 사람이 기를 펴고 악한 사람이 기가 죽어야 되지 않겠습니까? 그런데 도리어 선한 사람이 버림을 받고 악한 사람이 대접을 받으며 선한 사람이 기가 죽고, 악한 사람이

기가 살아 큰 소리치고 있습니다. 이처럼 악이 자기 구실을 하도록 내버려 두십니다.

이 땅에 십자가의 고통을 당하는 사람이 있어야 이 땅은 존재합니다. 가정도 직장도, 교회도 국가도 고통당하는 사람이 있어야 존재합니다.

십자가의 고난과 고통으로 새 생명을 얻는 여러분, 고난과 고통의 십자가를 지고 갑시다. 그리하여야 여러분 자신은 물론 가정과 직장, 교회와 국가가 존재합니다. 믿음과 소망과 사랑으로 십자가의 고통을 끝까지 참고 지고 갑시다. 하나님이 능력을 주실 것입니다.

## 3. 죄인 구원의 원리

"누구든지 주의 이름을 부르는 자는 구원을 얻으리라."(롬 10:13)

그리스도께서 겟세마네 동산에서 어떤 기도를 드리셨습니까? 그는 십자가를 앞에 놓고 어떤 기도를 드리셨습니까? 그는 밤새도록 슬퍼하고 고통하며 고민하시면서 어떤 기도를 드리셨습니까? 얼굴을 땅에 대시고 엎드려 어떤 기도를 드리셨습니까? 땀과 눈물과 피를 흘리며 기도하시면서 어떤 기도를 드리셨습니까?

"조금 나아가사 얼굴을 땅에 대시고 엎드려 기도하여 이르시되 내 아버지여 만일 할 만하시거든 이 잔을 내게서 지나가게 하옵소서 그러나 나의 원대로 마시옵고 아버지의 원대로 하옵소서."(마 26:39)

밤새도록 기도하신 그리스도는 당신을 십자가에 내 놓으셨습니다. 죄인을 구원하기 위하여 내 놓으셨습니다.

죄인의 죄를 담당하시고, 죄인의 죄를 대신하여 당신의 몸을 십자가에 내 놓으셨습니다.

"그리스도"의 생명을 십자가에 내 놓으셨습니다.

죄의 삯으로 생명을 십자가에 내 놓으셨습니다.

속죄제물과 화목제물로 십자가에 내 놓으셨습니다.

죄인을 구원하기 위하여 십자가에 내 놓으셨습니다.

그리고 그는 "다 이루었다"라고 선언하시고 운명하셨습니다. 죄인들의 죄 값으로 당신의 몸과 생명을 십자가에 내 놓으시고 운명하셨습니다.

그러므로 예수를 그리스도로 믿는 그리스도인은 죄의 삯이 남아 있지 않습니다. 그를 영접하므로 그 삯이 다 지불되었습니다. 십자가의 사랑과 공의로 다 지불되었습니다. 그러므로 예수를 그리스도로 믿는 그리스도인은 구원을 얻었습니다.

"누구든지 주의 이름을 부르는 자는 구원을 얻습니다."(롬 10:13)

십자가의 사랑과 공의로 구원을 얻습니다. 하나님의 긍휼과 인자하심으로 구원을 얻습니다. 십자가의 사랑과 은혜로 구원을 얻습니다.

"그리스도 예수의 사람들은 육체와 함께 그 정욕과 탐심을 십자가에 못 박았느니라."(갈 5:24)

그리스도인은 육체와 함께 그 정욕과 탐심을 십자가에 못 박은 자입니다. 자기 자신을 십자가에 못 박지 아니한 자는 아직 그리스도인이 아닙니다. 아직 그는 그리스도 안에서 참 자유인이 아닙니다. 육체와 함께 그 정욕과 탐심을 십자가에 못 박은 그리스도인이 그리스도 예수 안에서 참 자유인입니다.

참 자유인은 그 참 자유를 육체의 기회로 삼아 육체의 정욕을 위하여 사용하지 않습니다. 성령의 소욕을 좇아 사랑과 진선의(眞善義)로 사용합니다. 자기를 재갈 먹이지 아니하는 자유는 참 자유가 아닙니다. 이것은 방종입니다. 죄를 범하는 자마다 죄의 종이라고 했습니다.

이런 죄의 종들이 우리 주위에 얼마나 많습니까? 바로 내가 이런 죄의 종이 아닙니까? 그리스도의 종이 되기를 소원합니다. 십자가 중에서 가장 큰 십자가는 자기 자신입니다.

자기를 십자가에 못 박아 죽이지 아니하는 자는 참 그리스도인이 아니며 참 자유인이 아닙니다. 자기를 십자가에 못 박아 죽입시다. 그리하면 진정한 구원을 얻을 것입니다.

# 십자가를 지신 왕 1
(요 19:7-22)

하나님의 독생자가 십자가에 못 박혀 죽으셨습니다. 그리스도 예수가 십자가에 못 박혀 죽으셨습니다. 전능하신 하나님이요 죄가 전혀 없으신 그리스도가 십자가에 못 박혀 죽으셨습니다.

무슨 죄목으로 십자가에 못 박혀 죽으셨습니까? 세 가지 죄목으로 십자가에 못 박혀 죽으셨습니다.

첫째, 하나님의 아들이라고 한 것

둘째, 백성을 소란케 하는 자라는 것

셋째, 가이사에게 세금을 바치지 말라는 것

로마인들과 유대인들과 빌라도는 왕이신 그리스도 예수를 몰라보았습니다. 영안이 어두워 왕이신 그리스도 예수를 보지 못했습니다. 그러므로 영안을 밝히 떠야 합니다.

## 1. 그리스도는, 유대인의 왕

"빌라도가 패를 써서 십자가위에 붙이니 나사렛 예수 유대인의 왕이라 기록되었더라."(요 19:19)

가죽채로 모진 매를 맞아 피투성이가 된 그리스도 예수는 더 이상 십자가를 지고 골고다로 올라갈 수 없다는 것을 알고 백부장이 구레

네 사람 시몬을 그리스도 예수의 십자가를 대신 지고 골고다로 올라 가게 했습니다. 그 후, 구레네 시몬의 부인은 바울 사도의 믿음의 어머니가 되었고, 그의 두 아들 알렉산더와 루포는 로마교회의 유력한 인물이 되었습니다. 이처럼 십자가는 억지로라도 지면 하나님의 사랑과 은혜를 받게 됩니다.

예수 그리스도는 십자가에 못 박혔고, 빌라도는 그를 희롱하고 조롱하기 위하여 죄 패를 라틴어, 헬라어, 히브리어로 "유대인의 왕"이라고 써서 붙였습니다. 라틴어는 당시 전 세계를 지배하는 정치적인 언어요  헬라어는 전 세계를 지배하는 문화적인 언어요 히브리어는 전 세계를 지배하는 종교적인 언어였습니다.

빌라도가 조롱하는 죄 패가 그리스도가 진짜 왕이심을 전 세계에 알리는 것이 되었습니다. 제사장들이 빌라도에게 "유대인의 왕"이라 쓰지 말고, 자칭 "유대인의 왕이라"고 쓰라고 했습니다. 이것은 빌라도가 한 것이 아니요 하나님이 하셨습니다. 우리는 하나님의 주권을 믿습니다.

예수님이 유대 베들레헴에 탄생하셨을 때 동방박사들이 예루살렘에 와서 "유대인의 왕으로 나신 이가 어디 계시뇨?"(마 2:2)라고 물었습니다.

빌라도가 유대인의 왕이라고 쓴 죄 패대로 영원한 역사의 왕이 되심으로 십자가에 못 박혀 죽으신 예수 그리스도를 통하여 자기가 왕으로 섬기는 시저의 연대를 계산하게 되었습니다. 우리가 쓰는 통치연대가 예수 그리스도의 탄생을 기준으로 계산되고 있습니다.

이것은 십자가를 지신 예수 그리스도가 우리의 왕이심을 증명합니다. 온 인류의 왕이심을 증명합니다. 예수 그리스도는 우리의 왕이십니다. 만왕의 왕이요 만주의 주이십니다.

## 2. 그리스도, 십자가를 지신 왕

> "군인들이 예수를 십자가에 못 박고 그의 옷을 취하여 네 깃에 나눠 각
> 각 한 깃씩 얻고 속옷도 취하니 이 속옷은 호지 아니하고 위에서부터 통
> 으로 짠 것이라."(요 19:23)

그리스도가 십자가에 못 박혀 물과 피를 쏟고 계실 때, "저가 남은 구하면서 정작 자기는 구하지 못한다."고 비난하고 비소했습니다. 그리스도가 무능하고 무력하게 십자가에 못 박혀 죽으신 것은 그가 전능하기 때문입니다. 그리스도가 행하신 기적을 보면서 예수를 그리스도로 믿고, 십자가의 죽음을 보면서 예수를 그리스도로 믿는 사람이 진실로 그리스도인입니다. 이런 자들이 하나님의 자녀들이요 천국의 시민입니다.

예수 그리스도는 말씀 한 마디로 천지를 만드셨습니다. 말씀 한 마디로 물을 포도주로 만드셨고, 풍랑을 잔잔케 했으며, 앉은뱅이가 일어나고, 소경이 눈을 뜨며, 벙어리가 말을 하고, 보리떡 다섯 개와 물고기 두 마리로 장정만 5,000 명을 먹이고 남은 것이 열두 바구니나 되었습니다. 이를 본 군중들이 왕으로 세우려고 했습니다. 그러나 그리스도는 정치적인 왕이 아닌 십자가의 왕이 되셨습니다.

하늘과 땅의 모든 권세를 한 몸에 지니신 그가 십자가에 못 박혀 비참하게 죽는 십자가의 왕이 되셨습니다. 전지전능하심과 긍휼과 인자, 사랑과 은혜가 충만하신 십자가의 왕이 되셨습니다. 가장 능력이 많으신 하나님이 가장 무능한 죄인이 되어서 십자가에 못 박혀 죽으시는 십자가의 왕이 되셨습니다.

그는 전능하시면서도 힘을 행사하지 않으시고, 사랑과 온유로 십자가에 못 박혀 죽으신 왕 중의 왕인 십자가의 왕이 되셨습니다. 이 세상에서 제일 강한 사람은 자기를 이기는 사람입니다. 그렇습니다. 죄인을 위하여 십자가에 못 박혀 죽기까지 하신 우리 주 예수 그리스도가 이 세상에서 가장 힘이 강한 십자가의 왕이십니다.

> "군인들이 가시나무로 관을 엮어 그의 머리에 씌우고 자색 옷을 입히고 앞에서 가서 이르되 유대인의 왕이여 평안할지어다 하며 손으로 때리더라."(요 19:2-3)

세상의 왕들은 머리에 금 면류관을 썼습니다. 그러나 십자가의 왕이신 그리스도는 머리에 가시 면류관을 쓰셨습니다.

죄인들의 저주와 고통의 가시 면류관을 쓰셨습니다.

세상의 왕들은 백성들의 것을 빼앗아 머리에 금 면류관을 썼으나 그리스도는 자기의 모든 것을 나누어 주고 저들의 저주와 고통을 머리에 쓰셨습니다. 그리스도 곧 나의 하나님, 나의 구주가 아니고는 가시 면류관을 쓰실 수 없습니다.

십자가의 왕이신 그리스도는 우리의 저주와 고통의 가시 면류관을 쓰셨습니다.

죄인인 우리에게 자유와 평화, 기쁨과 안식, 사랑과 은혜, 평강과 승리, 위로와 부요, 구원과 영생을 주기 위하여 가시 면류관을 쓰셨습니다.(사 53:3-5)

그가 찔림은 우리의 허물 때문이요 그가 상함은 우리의 죄악 때문이라 그가 징계를 받음으로 우리가 평화를 누리고 그가 채찍에 맞음으로 우리가 나음을 입었습니다.

# 십자가를 지신 왕 2
(요 19:7-22)

우리 주 예수 그리스도는 유대인의 왕입니다. 선민(選民)의 왕이십니다. 그는 십자가를 지신 왕이십니다. 죄인을 구원하기 위하여 사랑과 공의의 십자가를 지신 십자가의 왕이십니다.

## 3. 그리스도, 민중의 왕

"그들이 예수를 맡으매 예수께서 자기의 십자가를 지시고 해골(히브리 말로 골고다)이라 하는 곳에 나가시니 그들이 거기서 예수를 십자가에 못 박으니 예수는 가운데 있더라."(요 19:17-18)

당시에, 권력 있는 사람들 곧 사두개인들과 바리새인들은 예루살렘 성 안에 살았습니다. 그러나 힘이 없는 사람들 곧 백정, 가난한 사람, 떠돌이, 막벌이꾼들은 예루살렘 성 밖에서 살았습니다. 그래서 그리스도는 예루살렘 성 밖에 해골이라는 골고다 언덕 십자가에 못 박혀 죽으셨습니다.

흑인 노예들은 자기들의 죽음의 고통을 그리스도의 십자가의 죽음으로 일치시켰습니다. 흑인 노예들은 그리스도의 죽음 속에서 자기의 죽음을 보았습니다. "주님, 주님이 나의 고통을 지셨습니다. 주님 감사합니다. 주님, 사랑합니다. 주님, 행복합니다."라고 했습니다. 우리는 그리스도의 십자가의 고통 속에서 우리가 감당할 수 없는 저주와 고통과 거기에 함께 매달려 있는 그리스도를 보아야 합니다. 그때 비로소 "주님, 감사합니다. 주님, 사랑합니다. 주님, 행복합니다."라고 찬양합니다.

그리스도는 언제나 죄인과 함께 했으며, 가난한 자들과 함께 했으며 못 가진 자들과 못 배운 자들과 함께 하셨습니다. 그리스도의 마음은 언제나 서민에게 있었습니다. "내가 의인을 부르러 온 것이 아니요 죄인을 부르러 왔노라."(막 2:17)고 말씀하셨습니다.


필자가 어느 모임에서, 질문했습니다. "목사님들, 힘없는 자들을 중심으로 정치하면 성공합니까, 못합니까?" 못한다고 대답했습니다. "그러면, 힘 있는 자들을 중심으로 목회하면 성공합니까, 못합니까?" 모두가 성공한다고 하였습니다.

그런데 인류역사에 힘없는 사람을 중심으로 정치한 사람이 성공한 사람은 한 사람도 없습니다. 목회도 그렇습니다. 성공하려면 정치도 목회도 힘 있는 사람을 중심으로 해야 합니다. 우리 주 예수 그리스도도 힘없는 사람을 중심으로 목회하셨기 때문에 십자가에 못 박혀 죽으셨습니다.

그러나 하나님은 성공한 사람을 기뻐하시지 않으십니다. 승리한 사람을 기뻐하십니다. 성공은 내 뜻이 이루어지는 것이며, 승리는 우리 주 예수 그리스도의 뜻이 이루어지는 것입니다. 그러므로 정치도 목회도 힘없는 사람을 중심으로 해야 승리합니다. 우리 주 예수 그리스도도 힘없는 사람을 중심으로 목회하셨기 때문에 승리하신 것입니다. 십자가에 못 박혀 죽으심으로 죄인을 구원하신 것입니다. 우리 주 예수 그리스도는 민중의 왕이십니다.

부자가 되어서 구제하려고 하는 사람은 한 사람도 구제하지 못합

니다. 내가 가난해지면 모든 사람을 구제할 수 있습니다. "주님, 나
에게 무엇을 주소서!" 라고 하는 사람은 평생 부요를 얻지 못합니
다. 십자가의 왕이신 우리 주 예수 그리스도에게 나아가, "주님, 저
도 죽기를 원합니다. 저도 십자가에 못 박아 죽여 주십시오." 라고
고백하면 하늘의 부요를 누릴 것입니다.

## 4. 그리스도, 죄인의 왕

"한 사람의 순종치 아니함으로 많은 사람이 죄인 된 것같이 한 사람의
순종하심으로 많은 사람이 의인이 되리라."(롬 5:19)

세상의 왕들은 자기를 위하여 궁궐에 앉아있고, 죄인의 왕이신 그
리스도는 죄인들을 위하여 십자가에 못 박혀 죽으셨습니다. 세상의
왕들은 자기가 살기 위하여 빼앗고 가두고 죽이나 죄인의 왕이신 그
리스도는 죄인을 살리기 위하여 생명까지 주셨습니다.

이스라엘 백성이 사무엘에게 "우리에게 왕을 주어 우리를 다스리
게 하라."(삼상8:6a)고 할 때, 사무엘은 기뻐하지 않고 하나님 앞에
기도했습니다. 기도하는 사무엘에게 하나님이 "그들이 너를 버림이
아니라 나를 버려 자기들의 왕이 되지 못하게 함이니라"(삼상8:7)
고 말씀하셨습니다. 우리의 왕은 그리스도이며, 우리는 그의 백성
입니다. 죄인들의 왕은 우리 주 예수 그리스도이며, 십자가상의 예
수 그리스도입니다.

"믿음의 주요 또 온전하게 하시는 이인 예수를 바라보자 그는 그 앞에
있는 기쁨을 위하여 십자가를 참으사 부끄러움을 개의치 아니하시더니
하나님 보좌 우편에 앉으셨느니라."(히 12:2)

예수는 믿음의 주요 또 온전하게 하시는 그리스도이십니다. 그는

그 앞에 있는 기쁨을 위하여 십자가에 못 박혀 죽으셨습니다. 그는 십자가의 부끄러움을 개의치 아니하셨습니다. 그는 지금 하나님 우편에 앉아계십니다.

예수는 우리 주 예수 그리스도입니다.

그는 "우리 주"입니다. 곧 창조주, 구속주, 심판주입니다.

그는 예수입니다. 자기백성을 저희 죄에서 구원할 자입니다.

그는 "그리스도"입니다. 우리를 다스리는 왕이요 대신하는 제사장이요 가르쳐 인도하는 선지자입니다.

그는 우리의 선한 목자요 주치 의사요 의로운 재판장입니다.

그는 우리의 길이요 진리요 생명이며 힘이요 빛이요 답이요 믿음이요 소망이요 사랑입니다.

그리스도인은 예수 그리스도를 믿고 바라보고 사랑해야 합니다. 그를 의지하고 가까이 하며 그 앞에 무릎 꿇어야 합니다. 인간적으로 살지 말고 그리스도적으로 살아야 합니다. 인간적으로 살면 비겁한 인생, 패배인생이 됩니다. 그리스도적으로 살아야 멋진 인생, 승리인생이 됩니다. 그리스도적인 인생은 그리스도를 믿고, 그를 의지하며, 그를 바라보고, 그를 사랑하며, 그를 부르고 그로 삽니다. 그리하면 힘과 빛과 답을 주십니다.

그리스도적인 인생은 그리스도의 의를 바라보고, 나의 죄를 바라보지 않습니다. 나의 죄를 생각하고 바라보면 사망을 가져올 뿐입니다. 그러나 그리스도의 의를 생각하고 바라보면 구원과 생명을 얻게 됩니다. 우리 죄인의 왕이신 그리스도는 어제나 오늘이나 영원토록 동일하십니다. 그는 언제나 진실하고 동일하십니다. 그만 믿고 바라보고 사랑하며 섬길 것입니다.

## 십자가의 도道 1
(고전 1:18)

"십자가의 도가 멸망하는 자들에게는 미련한 것이요 구원을 받는 우리
에게는 하나님의 능력이라."(고전 1:18)

십자가는 고대 서방 세계에 있어서의 사형집행의 형구(刑具)였습
니다. 고통과 죽음을 가져다주는 형구가 사랑과 용서, 자랑과 영광
이 된 것은 무엇 때문입니까?

예수께서 십자가에 못 박혀 있는 동안에 태양은 빛을 잃었고, 천
지는 캄캄했으며 땅은 진동했고, 무덤은 열려 시체들이 일어났으며
예루살렘 성전의 휘장이 찢어져 지성소의 비밀이 노출되었습니다.
돌무덤에 장사지냄을 받은 그리스도는 죄의 권세, 어두움의 권세,
죽음의 권세, 사단의 권세, 지옥의 권세를 깨뜨리시고 장사한지 3일
만에 부활하셨습니다. 로마의 십자가는 그리스도를 처형했지만 그
리스도의 십자가는 로마의 십자가를 말살했습니다.

생명을 죽이는 십자가가 생명을 살리는 십자가가 되었습니다. 그
리스도의 십자가는 생명과 능력, 은혜와 사랑, 자유와 평화, 기쁨과
안식, 평강과 승리, 위로와 부요, 기적과 행복, 구원과 영생의 십자
가가 되었습니다.

바울이 말하기를, "로마 사람들은 이적을 구하지만 십자가가 최대
의 이적이다. 헬라 사람들은 지혜를 구하지만 십자가가 최대의 지

혜이다." 그러므로 "내가 너희 중에서 예수 그리스도와 그가 십자가에 못 박히신 것 외에는 아무 것도 알지 아니하기로 작정하였음이라."(고전2:2)고 그의 신앙을 고백했습니다.

그리스도교는 십자가의 도입니다. 소금이 그 맛을 잃으면 소금이 아니며, 처녀가 그 처녀성을 잃으면 처녀가 아니듯이 교회는 십자가를 잃으면 교회가 아닙니다. 교회가 십자가를 잃으면 생명을 잃은 죽은 시체입니다. 그리스도교는 십자가의 도요 교회는 십자가의 공동체입니다.

십자가가 없는 종교는 참 종교가 아니며,

십자가가 없는 교회는 참 교회가 아니며,

십자가가 없는 교인은 참 교인이 아니며,

십자가가 없는 일은 참 일이 아니며,

십자가가 없는 신망애는 참 신망애가 아닙니다.

십자가만 참이며, 십자가 외에는 참이 아닙니다.

"환난 날에 나를 부르라 내가 너를 건지리니 네가 나를 영화롭게 하리로다."(시 50:15)

인생은 잃을 때 곤고하나, 곤고할 때 더 유익합니다. 곤고할 때 하나님을 의지하기 때문입니다. "가장 많이 고난을 당하는 사람이 가장 많은 영화를 받고 가장 위험한 곳을 지나온 사람이 큰 승리와 성공을 볼 것이다"(밀턴)라고 했습니다. 위인이나 명인은 고난의 터널을 통과한 사람들입니다. 가시에 찔리지 아니하고 장미꽃을 모을 수 없음 같이 고난을 겪지 아니하면 인생의 아름답고 향기로움을 모을 수 없습니다.

용광로를 통과하지 아니한 지금(地金)은 정금이 될 수 없습니다.

십자가의 죽음이 없는 부활은 없습니다. 십자가의 고난은 의미 있고 가치 있는 인생으로 만드는 제조기입니다. 십자가는 저주가 아니라 축복입니다.

## 1. 사랑의 도道

> "예수께서 이르시되 네 마음을 다하고 목숨을 다하고 뜻을 다하여 주 너의 하나님을 사랑하라 하셨으니 이것이 크고 첫째 되는 계명이요 둘째도 그와 같으니 네 이웃을 네 자신과 같이 사랑하라 하셨으니 이 두 계명이 온 율법과 선지자의 강령이니라."(마 22:37-40)

십자가의 도인 그리스도교는 사랑의 도입니다.

성부 하나님은 사랑의 하나님이요

성자 예수님은 사랑의 그리스도요

성령 하나님은 사랑의 보혜사입니다.

이처럼 삼위일체 하나님이 사랑이십니다.

성령의 감동으로 기록된 하나님의 말씀인 성경도 사랑의 말씀이며, 우리 하나님이요 구주이신 예수 그리스도의 피로 세운 교회 또한 사랑의 공동체이며, 예수를 그리스도로 믿어 하나님의 자녀가 된 그리스도인 또한 사랑의 지체입니다.

대개 이웃은 사랑하나 원수는 미워합니다. 그러나 우리 주 예수 그리스도는 이웃뿐만 아니라 원수도 사랑하라고 하셨습니다(마 5:43-48) "의를 행하고 형제를 사랑하는 자가 하나님의 자녀요 의를 행하지 아니하고 형제를 사랑하지 아니하는 자가 마귀의 자녀라."(요일 3:10)고 했습니다. 우리는 예수를 그리스도로 믿는 하나님의 자녀들입니다. 그러므로 그리스도 예수 안에서 형제자매입니다. 형제와 자매는 미움의 대상이 아니라 사랑의 대상입니다. 서로 사랑하는 것은 하나님의 자녀의 도리입니다.

사랑은 본질적으로 자신을 주는 것입니다. 몸과 마음과 생명을 주는 것입니다. 가인의 경우에서 볼 수 있듯이 증오의 진수는 살인입니다. 예수의 경우에서 볼 수 있듯이 사랑의 진수는 구원입니다.

스데반 집사가 자기를 돌로 칠 때, "주 예수여 내 영혼을 받으시옵소서"라고 부르짖었습니다. 그리고 무릎을 꿇고 크게 불러 "주여 이 죄를 그들에게 돌리지 마옵소서"라고 간청하며 순교하였습니다. 바울과 믿음으로 산 위인들 역시, 싫어하고 미워하고 핍박하고 옥에 가두고 죽이려 해도 그들을 위하여 기도했고 사랑으로 용서했습니다.

사랑의 원자탄 손양원 목사는 당신의 두 아들을 죽인 원수를 십자가의 사랑으로 용서하고 그를 아들로 삼았습니다. 신월교회의 김성례 권사는 당신의 남편을 죽인 원수를 용서하고, 한 교회에서 주님과 교회를 섬겼습니다. 이화여대생은 아버지를 죽인 원수가 갇혀있는 교도소에 찾아가 예수를 믿으라고 전도하고 아버지가 쓰던 성경을 선물하고 그 아내를 찾아가 자녀들과 함께 먹으라고 쌀을 팔아 주었습니다.

십자가 사랑은 위대한 역사를 창조합니다. 십자가에서 보이신 그리스도의 사랑은 거의 앞뒤를 헤아리지 않는 것 같은 무모함이 보입니다. 그러나 그 사랑은 우리의 차갑고 계산적인 사랑을 부끄럽게 합니다.

"우리는 형제를 사랑함으로 사망에서 옮겨 생명으로 들어가는 줄을 알 거니와 사랑하지 아니하는 자는 사망에 머물러 있느니라."(요일 3:14)

형제를 사랑하는 사람이 생명으로 들어가고, 형제를 미워하는 사람이 사망에 머물러 있습니다. 생명으로 들어가는 것은 생명이신 그리스도와 사랑의 교제를 하는 것이며, 사망에 머물러 있는 것은 생명이신 그리스도와 교제가 끊어지는 것입니다. 사랑의 교제를 하는 자는 형제와 사랑의 교제가 이루어지고 사랑의 교제가 끊어진 자는 형제와 교제도 끊어지게 됩니다. 사랑의 교통이 생명이요 사랑의 두절이 죽음입니다. 사랑의 증표가 없는 자는 하나님과의 교제도 없는 자입니다.

"그가 우리를 위하여 목숨을 버리셨으니 우리가 이로써 사랑을 알고 우리도 형제들을 위하여 목숨을 버리는 것이 마땅하니라."(요일 3:16)

그가 우리를 위하여 목숨을 버리셨습니다.
우리의 죄를 담당하고 목숨을 버리셨습니다.
우리의 죄를 대신하여 목숨을 버리셨습니다.
그가 우리를 위하여 목숨을 버리셨으니 우리 또한 그를 위하여 목숨을 버리는 것이 마땅한 그리스도 신앙이요 사랑이 아니겠습니까? 그리스도를 위하여 그의 몸 된 교회를 위하여 십자가의 사랑으로 희생하는 것이 마땅한 그리스도 신앙이 아닙니까?

"무엇보다도 열심으로 서로 사랑할지니 사랑은 허다한 죄를 덮느니라."
(벧전 4:8)

그리스도가 세상에 계실 때는 대부분을 이스라엘 집의 잃어버린 양을 되찾는데 국한시켰습니다. 하지만 그의 죽음과 부활 이후에는 그리스도는 우주적인 권위와 우주적인 통치를 하셨습니다. 즉 그리스도는 죽음을 통해서 더 많은 사람들을 하나님께로 인도했습니다.

이러한 자신의 행위를 제자들이 따라주기를 원했습니다.

제자들이 우리 주 예수 그리스도처럼 자기의 목숨을 형제들을 위하여 버릴 때, 더 많은 열매를 얻게 되었습니다. 우리가 형제를 위하여 희생할 때, 많은 열매를 얻을 것입니다. 우리 교회의 부흥은 우리가 형제를 위하여 십자가의 사랑으로 희생하는 것입니다. 십자가의 사랑으로 정신적으로 시간적으로 물질적으로  희생하는 것입니다.

> "내가 진실로 진실로 너희에게 이르노니 한 알의 밀이 땅에 떨어져 죽지 아니하면 한 알 그대로 있고 죽으면 많은 열매를 맺느니라."(요 12:24)

사랑으로 희생해야 열매를 맺는다는 말씀입니다.

희생에는 네 가지 원리가 있습니다.

첫째, 죽음의 원리 – 자신을 십자가에 못 박아 죽여야 합니다.

둘째, 미워하는 원리 – 인간적인 사람과 육체의 소욕의 사람을 미워해야 합니다.

셋째, 결실의 원리 – 사랑으로 희생하면 성령의 열매와 빛의 열매를 맺습니다.

넷째, 섬기는 원리 – 몸의 힘과 마음의 힘으로 섬겨야 합니다.

우리 주 예수 그리스도께서 사랑으로 희생하셨습니다.  희생하셔서 우리 죄인을 구원하셨습니다. 우리 주 예수 그리스도를 믿는 그리스도인 또한 예수 십자가의 사랑으로 희생해야 합니다.

# 십자가의 도道 2
(고전 1:18)

　한 율법사가 "내가 무엇을 해야 영생을 얻습니까?"라고 질문했습니다. 그리스도께서 "율법에 무엇이라고 기록되었느냐?"라고 되 물으셨습니다. 율법사가 "네 마음을 다하며 목숨을 다하며 힘을 다하며 뜻을 다하여 주 너의 하나님을 사랑하고 또한 네 이웃을 네 자신 같이 사랑하라 하였나이다"라고 대답했습니다.

　주님께서, "네 대답이 옳다. 이를 행하라 그러면 살리라." 고 하셨습니다. 율법사가 "선생님, 그러면 내 이웃이 누굽니까?"라고 질문했습니다. 주님의 대답은 이러했습니다.

　어떤 사람이 예루살렘에서 여리고로 내려가다가 강도를 만났다. 강도들이 그 옷을 벗기고 때려 거의 죽은 것을 버리고 가버렸다. 마침 한 제사장이 그 길로 내려가다가 그를 보고 피하여 지나갔다. 한 레위인도 그 길로 내려가다가 그를 보고 피하여 지나갔다.

　그런데 어떤 사마리아 사람은 그 길로 내려가다가 그를 보고 불쌍히 여겨 가까이 가서 기름과 포도주를 그 상처에 붓고 싸매고 자기 짐승에 태워 주막으로 데리고 가서 돌보아 주었다. 그리고 주막 주인에게 비용이 더 들면 내가 돌아올 때에 갚아주겠으니 잘 돌보아 주라고 부탁했다.

"네 생각에는 이 세 사람 중에 강도 만난 사람의 이웃이겠느냐?"
라고 물으셨습니다. 율법사가 "자비를 베푼 사람입니다"라고 대답
했습니다.

"가서 너도 이와 같이 하라"고 말씀하셨습니다.

> "자녀들아 우리가 말과 혀로만 사랑하지 말고 행함과 진실함으로 하자.
> 이로서 우리가 진리에 속한 줄을 알고 또 우리 마음을 주 앞에서 굳세게
> 하리니"(요일 3:18-19)

그리스도의 삶은 한마디로 사랑입니다. 그리스도의 성육신도 사
랑이요 복음전파도 사랑이요, 십자가의 죽음도 사랑이요, 부활하심
도 사랑이요, 승천하심도 사랑입니다. 사랑은 사랑을 사랑합니다.

그리스도는 말과 혀로만 사랑하지 아니하셨습니다. 행함과 진실
함으로 사랑하셨습니다. 그리스도의 사랑은 언행일치였습니다. 언
제나 진실하고 언제나 동일했습니다.


나무는 그 열매를 보아 압니다. 믿음 또한 그 열매를 보아 압니다.
진실로 예수를 그리스도로 믿는 사람은 사랑의 열매를 맺습니다.
하나님을 사랑하는 사랑의 열매를 맺습니다.

교회를 사랑하는 열매를 맺습니다.

가정을 사랑하는 열매를 맺습니다.

이웃을 사랑하는 열매를 맺습니다.

원수를 사랑하는 열매를 맺습니다. 열매가 그 증거입니다.


말과 혀로만 사랑하지 맙시다. 그 외식, 허식, 가식, 형식의 사랑
이 가증스럽습니다.

안 다르고 밖 다른 사랑, 겉 다르고 속 다른 사랑,

처음과 나중이 다른 사랑,

사정과 실정과 처지와 형편 따라 사랑하는 사랑,

환경과 현실과 현세와 대세 따라 사랑하는 사랑,

추하고 더럽습니다. 행함과 진실함으로 사랑합시다.

진리의 터 위에 세우고, 진리 안에 거하며, 진리를 따르고, 진리로 사는 자가 됩시다.

> "누구든지 형제를 사랑하노라 하고 그 형제를 미워하면 이는 거짓말 하
> 는 자니 보는 바 그 형제를 사랑하지 아니하는 자는 보지 못 하는 바 하
> 나님을 사랑할 수 없느니라."(요일 4:20)

다윗이 사울 왕을 피하여 블레셋으로 도망하여 시글락에 살고 있었을 때입니다. 어느 날, 이스라엘 군인 진지에서 청년 하나가 달려와서 사울 왕이 블레셋과의 전쟁에서 죽었음을 알려주었습니다. 그 소식을 들은 다윗과 그의 부하들은 자기들의 옷을 찢고 전쟁터에서 죽은 사울 왕과 그의 아들 요나단과 여호와의 백성과 이스라엘을 생각하고 하루 종일 슬퍼하며 금식했습니다.

그리고 다윗은 사울 왕과 왕자인 요나단을 애도하는 노래를 지어 그것을 모든 유다 사람들에게 가르치라고 했습니다. 자기를 죽이려고 그렇게 쫓아 다닌 원수였지만 그는 사랑으로 용서하고, 그를 위하여 애도했습니다.

> "사랑하는 자들아 우리가 서로 사랑하자 사랑은 하나님께 속한 것이니
> 사랑하는 자마다 하나님으로부터 나서 하나님을 알고 사랑하지 아니
> 하는 자는 하나님을 알지 못하나니 이는 하나님은 사랑이심이라."(요일
> 4:7–8)

사랑은 하나님께 속한 것입니다. 그러므로 사랑하는 자는 하나님

으로부터 난 자입니다. 하나님으로부터 나지 아니한 자는 사랑하지 않습니다.

사랑하는 자는 하나님을 압니다. 그러나 사랑하지 아니하는 자는 하나님을 모릅니다. 하나님이 사랑이시기 때문입니다.

하나님의 자녀는 진실하고 의롭습니다. 진실과 의는 빛의 열매입니다. 그러나 진실하고 의롭기만 하면 많은 사람을 정죄하고 죽입니다.

"의인은 없나니 한 사람도 없습니다."(롬 3:10)

하나님의 자녀는 진실하고 의로워야 합니다. 그러나 진실하고 의롭기만 하면 죄인을 정죄하여 그를 죽입니다. 진실하고 의로운 사람 앞에 죄인이 설 수 없습니다.

그러므로 하나님의 자녀는 사랑해야 합니다. 사랑과 공의의 십자가의 사랑을 해야 합니다. 우리 주 예수 그리스도께서 사랑으로 공의를 행하셨습니다. 죄인들을 위하여 죄인들의 죄를 담당하고, 죄인들의 죄를 대신하여 십자가 못 박혀 죽으셨고 죄인들을 구원하셨습니다.

최후의 만찬 때 가룟 유다가 예수님을 팔러 밖으로 나간 뒤에 주님께서는 사랑하는 제자들에게 말씀을 하셨습니다.

"이제 인자가 영광을 받게 되었고 하나님께서도 그를 통하여 영광을 받게 되었다. 내 사랑하는 자들아 내가 너희와 함께 잠시 있다가 떠날 것인데 그러면 너희가 나 있는 곳에 오지 못할 것이다. 그러므로 이제 네게 새 계명을 준다. 서로 사랑하라. 내가 너희를 사랑하는 것 같이 너희도 서로 사랑하라. 너희가 서로 사랑하면 이로써 모든 사람들이 너희가 내 제자인 줄 알리라."(요 13:31-35)

"어느 때나 하나님을 본 사람이 없으되 만일 우리가 서로 사랑하면 하나님이 우리 안에 거하시고 그의 사랑이 우리 안에 온전히 이루어지느니라"(요일4:12)

하나님을 보고 싶습니까?

사랑하십시오.

하나님이 우리 안에 머물러 계시기를 원하십니까?

사랑하십시오!

하나님의 사랑이 우리 안에 온전히 이뤄지기를 원하십니까?

사랑하십시오.

하나님을 체험하고 싶습니까?

사랑하십시오!

사랑은 하나님을 보는 눈이요 마음입니다.

"하나님은 사랑이시라. 사랑 안에 거하는 자는 하나님 안에 거하고 하나님도 그의 안에 거하시느니라."(요일 4:16b)

"하나님의 사랑이 우리에게 이렇게 나타난 바 되었으니 하나님이 자기의 독생자를 세상에 보내심은 그로 말미암아 우리를 살리려 하심이라." (요일 4:9)

"하나님이 세상을 이처럼 사랑하사 독생자를 주셨으니 이는 그를 믿는 자마다 멸망하지 않고 영생을 얻게 하려하심이라."(요 3:16)

## 2. 평화의 도道

"사랑은 여기 있으니 우리가 하나님을 사랑한 것이 아니요 하나님이 우리를 사랑하사 우리 죄를 속하기 위하여 화목제물로 그 아들을 보내셨음이라."(요일 4:10)

참된 사랑은 여기에 있습니다. 우리가 먼저 하나님을 사랑한 것이 아닙니다. 하나님이 먼저 우리를 사랑하셨습니다. 우리가 죄로 인하여 하나님을 떠나 원수 되었을 때에 우리 죄를 속하기 위하여 먼저 손을 내 미셨습니다.

화해의 손을 내 미셨습니다.

사랑으로 화해의 손을 내 미셨습니다.

하나님의 자존심을 버리고 화해의 손을 내 미셨습니다.

곧 화목제물로 그 독생자를 보내셨습니다(롬 5:10-11)


화목제물로 보내심을 받은 독생자 예수 그리스도는 하나님과 죄인과의 화해를 위하여 우리의 죄를 담당하시고 십자가에 못 박혀 죽으셨습니다. 모든 죄를 담당하고 화목제물이 되셨습니다. 하나님은 그 화목제물을 받으시고 화해하셨습니다.

하나님과 화해의 중보자이신 예수 그리스도를 믿는 그리스도인과 화해하셨습니다. 그러므로 그리스도인은 자유와 평화를 얻어 누리게 되었습니다. 이 사랑과 은혜를 깨달아 알고 이 사랑과 은혜를 믿음으로 누리며 이 사랑과 은혜를 사랑으로 보답하기 바랍니다.

"마른 떡 한 조각만 있고도 화목 하는 것이 제육이 집에 가득하고도 다투는 것보다 나으니라"(잠17:1)

분쟁과 다툼과 싸움은 자기 욕망에서 납니다. 화평은 자기 욕망을 십자가에 못 박아 죽이므로 납니다. 하나님과 우리, 나와 너의 화평을 위하여 그리스도가 십자가의 제물이 되셨습니다.

두 나무를 합한 것이 십자가입니다. 사랑을 주고받을 때 십자가가 됩니다. 주지도 않고 받지도 않으면 십자가가 되지 않습니다. 서로 분리하면 십자가가 되지 않습니다. 십자가가 없으면 자유도 평화도 없습니다. 사람 인(人)자는 둘이 합한 것입니다. 하나 가지고는 사람이 되지 못합니다.

　자기 욕망에 빠진 사람, 자기 밖에 모르는 사람은 사람 구실을 못합니다. 사람 구실을 못하는 사람은 평화를 깨뜨립니다. 남편과 아내가 하나가 될 때 가정이 평화롭고, 남편과 아내가 한 몸을 이루어 자녀를 생산합니다. 신랑 되신 주님과 신부된 우리가 하나가 될 때, 교회가 평화롭고 자녀를 생산하여 부흥합니다. 화평하게 하는 자가 하나님의 자녀입니다(마 5:9)

# 십자가의 도道 3
(고전 1:18)

십자가의 도는 사랑의 도입니다. 하나님의 자녀들은 빛의 열매를 맺어야 합니다. 그러나 십자가의 사랑과 공의가 없는 빛의 열매는 참 빛의 열매가 아닙니다. 십자가의 도는 평화의 도입니다. 하나님의 자녀는 화평합니다. 십자가의 사랑과 공의로 화평하게 하셨습니다.

십자가가 없는 교회나 성도는 참 교회와 성도가 아닙니다. 누구든지 우리 주 예수 그리스도를 따르려면 자기를 부인하고, 자기 십자가를 지고, 우리 주 예수 그리스도를 따라야 합니다.

## 3. 능력의 도道

"유대인은 표적을 구하고 헬라인은 지혜를 찾으나 우리는 십자가에 못 박힌 그리스도를 전하니 유대인에게는 거리끼는 것이요 이방인에게는 미련한 것이로되 오직 부르심을 받은 자들에게는 유대인이나 헬라인이나 그리스도는 하나님의 능력이요 하나님의 지혜니라 하나님의 어리석음이 사람보다 지혜롭고 하나님의 약하심이 사람보다 강하니라."(고전 1:22-25)

기독교의 핍박자요 살인자였던 유대교의 핵심 분자인 사울은 다메섹 도상에서 그리스도의 부르심을 받았습니다. 그리스도의 부름을 받는 그가 이렇게 고백했습니다.

세상의 모든 것은 배설물과 같습니다. 재력(財力)과 권력(權力)과 지력(知力)과 미력(美力)도 배설물이요 명예와 재능도 배설물입니다. 오직 우리 주 예수 그리스도를 아는 지식만이 가장 고상한 것입니다. 천하에 가장 약한 것은 인간이며, 가장 강한 것은 우리 주 예수 그리스도십니다. 세상의 모든 것을 잡는 것은 물거품을 잡는 것이요 우리 주 예수 그리스도를 잡는 것은 생흥승행영(生興勝幸永)을 잡는 것입니다.

인간을 믿고 의지하는 것은 고자백이를 믿고 의지하는 것이요 우리 주 예수 그리스도를 의지하는 것은 전지전능한 하나님을 믿고 의지하는 것입니다.

예수만 그리스도이십니다.

그만이 우리의 왕이요 제사장이요 선지자이십니다.

그만이 우리의 길이요 진리요 생명이십니다.

그만이 우리의 힘이요 빛이요 답이십니다.


우리 주 예수 그리스도는 죄인들을 위하여 죄인들의 죄를 담당하고 죄인들의 죄를 대신하여 십자가에 못 박혀 죽으셨습니다. 장사한지 3일 만에 어둠의 권세 죄악의 권세 죽음의 권세 사탄의 권세 지옥의 권세를 깨뜨리시고 부활하셨습니다. 우리들은 약하나 주 예수는 강합니다. 우리들은 약하나 우리 주 예수를 그리스도로 믿는 그리스도인은 강합니다.

"오직 부르심을 받은 자들에게는 유대인이나 헬라인이나 그리스도는
하나님의 능력이요."(고전 1:24)

## 4. 지혜의 도道

"그리스도는 하나님의 능력이요 하나님의 지혜니라."(고전 1:24)

바울 사도는 자신의 지식과 지혜가 우리 주 예수 그리스도의 십자
가를 통하여 나타난 하나님의 지혜 앞에 얼마나 나약하고, 얼마나
천박한 것인가를 깨달았습니다. 그리스도는 하나님의 지혜입니다.

"지혜가 제일이니 지혜를 얻으라."(잠 4:7)

잠언에서 말하는 지혜는 인격적인 지혜를 말합니다. 곧 우리 주
예수 그리스도를 말합니다. 우리 주 예수 그리스도가 제일입니다.
그 분보다 더 귀한 분도 없고 그 분보다 더 귀한 것도 없습니다. 그
리스도는 나의 하나님이요 나의 구주십니다. 나의 힘이요 빛이요
답이십니다.

"지혜를 얻는 것은 은을 얻는 것보다 낫고 그 이익이 정금보다 낫
다."(잠 3:13-15)고 했습니다. "지혜는 성공하기에 유익하다"(전
10:10)고 했습니다. 성공인생과 승리인생, 창조인생과 행복인생은
지혜를 얻음에 있습니다. "의인의 열매는 생명나무라 지혜로운 자
는 사람을 얻느니라"(잠 11:30)고 했습니다. 그렇습니다. 그리스도
의 사람은 사람을 얻습니다. 사람을 얻으면 승리인생이 됩니다. "지
혜는 운명의 정복자"라고 어느 시인이 말했습니다.

"그리스도는 하나님의 능력이요 하나님의 지혜라"고 했습니다.

힘으로는 사자나 코끼리를 이기지 못하나 지혜로는 수많은 사자나 코끼리를 이깁니다. 지혜 자는 사람들에게 용기와 희망과 확신과 기쁨과 행복, 희망과 용기를 줍니다. 더 나아가 하나님께는 영광을 사람들에게는 평화가 됩니다.

> "너희 중에 누구든지 지혜가 부족하거든 모든 사람에게 후히 주시고 꾸짖지 아니하시는 하나님께 구하라 그리하면 주시리라."(약 1:5)

> "그런즉 너희가 어떻게 행할 지를 자세히 주의하여 지혜 없는 자 같이 말고 오직 지혜 있는 자 같이 하여 세월을 아끼라 때가 악하니라."(엡 5:15–16)

지혜자의 삶의 태도는 삶의 원칙에 있어서 세상의 판단이나 자기의 지혜를 따르지 않고 자세히 주의하여 하나님의 원칙을 따릅니다. 그는 삶의 시간에 있어서도 하루의 시간을 허비하지 않고 천국 건설과 확장하는 일에 기회를 삼습니다. 주머니 속의 돈은 쓰지 않으면 그대로 남아 있지만 시간은 남아주지 않는다는 것을 알고 지혜자는 지혜롭게 최선을 다합니다.

그는 주의 뜻을 이해하고, 그 뜻을 좇아 삽니다.

"내 뜻대로 마옵시고 아버지의 뜻대로 하옵소서!"라고 합니다. 자신을 온전히 주께 드리고 악한 세상을 본받지 않습니다. 그는 삶의 전체적 방향뿐만 아니라 매일 매일의 구체적인 일까지도 주께서 지켜 보호하여 주시고, 붙들어 인도해주시며, 가르쳐 다스려 주시고, 싸워 이겨주시며, 함께 동행해주시기를 소원하고 기도합니다.

## 5. 속죄의 도道

"세상 죄를 지고 가는 하나님의 어린양을 보라."(요1:29)

레위기 16:6을 보면 아사셀 양이 나옵니다. 이는 대 속죄일에 있어서 두 염소를 취하여 제비를 뽑아 하나는 여호와를 위하여 하나는 아사셀(죄의 주인공–마귀의 상징)을 위하여 드렸습니다. 여호와를 위한 양은 지성소에 들어가 여호와께 속죄 제물로 드리고 아사셀을 위한 양은 제사장이 양의 머리에 안수한 후에 전 국민의 죄를 지워서 광야에 내버렸습니다. 버림받은 아사셀 양은 광야에서 방황하다가 맹수의 밥이 되었습니다.

세례자 요한이 말하기를, "세상 죄를 지고 가는 하나님의 어린 양이로다"라고 했습니다. 그렇습니다. 우리 주 예수 그리스도는 세상 죄를 지고 영문 밖에 버림을 받았습니다. 그는 십자가에 못 박혀 죽으셨습니다. 우리를 위하여 우리의 죄를 담당하고 우리의 죄를 대신하여 십자가에 못 박혀 죽으셨습니다. 그는 십자가에 못 박혀 죽으시기 전에 "다 이루었다"고 선언하셨습니다. 그리스도의 사명을 다 이루셨습니다.

그리스도의 속죄의 피로 죄인들의 죄를 다 속죄하셨습니다. 그리스도인은 그리스도의 속죄의 피로 속죄함을 받았습니다. 십자가의 사랑과 공의로 속죄함을 받았습니다. 그리스도이신 예수께서 생명을 주고 다 갚았습니다. "우리는 그리스도 안에서 그의 은혜의 풍성함을 따라 그의 피로 말미암아 속량 곧 죄 사함을 받았느니라."(엡1:7) 고 말씀하셨습니다.

고인이 되신 서울 한신교회 이중표 목사님이 한 때 목회가 어려웠습니다. 교인들이 모든 잘못을 목사님에게 지워 목사님의 멱살을 잡고 시내로 끌고 다녔습니다. 그래도 목사님은 주님처럼 말없이 끌려 다니셨습니다. 목사님은 교회에서 쫓겨나 많은 고생을 하셨습니다. 그는 기도 중에 한신교회를 개척했습니다. 기독교장로교회에서 제일 큰 교회입니다. 이중표 목사님은 한국교회의 성자며 애국자십니다.

예수가 자칭 "하나님의 아들"이라고 한다고 신성 모독죄로 십자가에 못 박아 죽였습니다. 하나님의 아들이 하나님의 아들이라고 해야지 누구의 아들이라고 해야 합니까? 죄악으로 눈이 어두운 저들의 눈에 나사렛 예수가 하나님의 아들로 보이지 않았습니다. 그러나 나사렛 예수는 하나님의 아들이십니다.

하나님의 아들이신 그리스도께서 죄악으로 눈이 어두워 십자가에 못 박아 죽인 그 죄인들의 죄를 담당하고 대신하여 십자가에 못 박혀 죽으셨습니다. 속죄제물이 되셨습니다. 도살장으로 끌려가는 어린양처럼 말없이 끌려가 십자가에 못 박혀 죽으심으로 속죄제물이 되셨습니다.

> "우리는 다 양 같아서 그릇 행하여 각기 제 길로 갔거늘 여호와께서는 우리 모두의 죄악을 그에게 담당시키셨도다."(사 53:6) "염소와 송아지의 피로 하지 아니하고 오직 자기의 피로 영원한 속죄를 이루사 단번에 성소에 들어가셨느니라."(히 9:12)

속죄는 히브리어 "카파르"이며, 헬라어 "루트로시스"로 대가지불에 의한 죄와 속박에서의 해방과 구원을 말합니다. 특히 신약에서는 그리스도 예수께서 십자가에 못 박혀 죽으심으로써 그 피 곧 생명을 지불함으로 인류의 죄를 속량하신 것을 말씀하고 있습니다.

구약에서는 사람이 하나님께 대하여 범한 죄를 사함 받거나 없이

하기 위해서, 또는 하나님과의 교통을 회복하기 위해서, 소나 양 등의 가축을 잡아 그 피(생명)를 제단에 붓고 혹은 그 고기를 불살라 드림으로 대신 속죄함을 받았습니다(출 29:1-28, 레 4:20-35).

신약에 있어서의 속죄의 완성자로서의 예수 그리스도의 성육신과 십자가의 죽으심이 있게 되었습니다. 그가 오신 것은 "많은 사람의 대속 물로 주려하심"이었습니다(마 20:28, 막 10:25) 즉 그리스도 예수의 오심과 십자가의 죽으심이  하나님에 대한 인류의 죄의 속죄함이 완성된 것입니다(히 9:12, 10:10, 롬 3:24, 5:5, 고후 5:18, 갈 1:4, 3:13, 벧전 1:9, 요 2:2, 계 1:5) 속죄의 은혜는 은혜 중의 은혜입니다. 속죄의 은혜는,
① 화해의 은혜,
② 해방의 은혜,
③ 소유의 은혜,
④ 소망의 은혜를 말합니다.
오늘, 예수를 그리스도로 믿는 그리스도인 우리는 속죄의 은혜를 받아 누리는 진정한 그리스도인이 되기 바랍니다.

## 째날
# 십자가의 도道 4
(고전 1:18)

십자가의 도는 사랑의 도요 십자가의 도는 평화의 도요
십자가의 도는 지혜의 도요 십자가의 도는 능력의 도요
십자가의 도는 속죄의 도입니다.
속죄의 은혜는 은혜 중에 은혜입니다.

첫째, 화해의 은혜

"이 예수를 하나님이 그의 피로써 믿음으로 말미암아 화목제물로 세우
셨으니 이는 하나님께서 길이 참으시는 중에 전에 지은 죄를 간과하심
으로 자기의 의로우심을 나타내려 하심이니."(롬 3:24-25)

속죄라는 말은 피로 말미암는 속죄 제물 즉 하나님과 사람의 화해
를 위한 희생 제물을 일컫는 말입니다. 그리스도 예수께서 십자가
에 못 박혀 죽으심은 하나님께서 세상 죄를 속량하시고 성별하시기
위해 바쳐진 희생제물 곧 화목제물입니다(롬 3:24-25) 즉 모든 사
람은 죄 중에 있고 하나님과의 교통(교제, 사귐)이 단절되어 절망과
죽음 속에 방치되어 있었는데 하나님은 은혜로써 하나님의 독생자
예수 그리스도를 십자가에 못 박아 죽임으로 십자가의 사랑과 공의
로 사람을 구 해내신 것입니다.(벧전 1:19, 요일 2:2, 계 5:9)

이 "구속"과 "속량"이란 죄 사함을 의미합니다. 죄의 지배 하에 있고 하나님의 진노 아래 있던 인간은 그리스도 예수께서 십자가에 못 박혀 죽으심으로 사죄되고 하나님께 의롭다함을 얻게 되었습니다.(골 1:14, 엡 1:7, 히 9:15) 이제, 하나님과 화목하게 되었습니다. 화목의 은혜를 누리며 사는 것이 신앙생활입니다. 하나님과의 화목, 가족들과의 화목, 성도들과의 화목, 목사와의 화목을 누리며 사는 삶이 믿음의 삶입니다.

## 2. 해방의 은혜

"이는 그리스도 예수 안에 있는 생명의 성령의 법이 죄와 사망의 법에 서 너를 해방하였음이라."(롬 8:1-2)

속죄는 악한 세상에서의 해방을 말합니다. 신약에 의하면 현재는 악한 세대이고(갈 1:4), 흑암의 권세가 지배하는 세상이며(골 1:13), 불법이 지배하는 세대입니다.(딛 2:14) 또한 사람들은 이 세상은 미혹케 하는 영이 지배하는 세계에 있고, 율법아래 속박되어 있습니다.(갈 4:9) 따라서 사람들은 이러한 속박아래서 죄와 죽음의 공포아래 놓여 있습니다.(롬 5:12, 히 2 :24-25)

그리스도는 이러한 세상의 속박에서 우리들을 구속(속량)해 내시고, 우리를 해방하여 생명과 평화를 주셨습니다. 주님께서 이 악한 세계에서 우리를 건지시려고 우리 죄를 위하여 자기 몸을 드리셨습니다.(갈 1:4, 딛 2:14)

세례자 요한은 그리스도 예수를 가리켜 "세상 죄를 지고 가는 하나님의 어린양을 보라."(요1:29)고 외쳤습니다. 레 16:6에 보면, 아사셀을 위한 양이 있습니다. 이는 대 속죄일에 두 염소를 취하여 제비를 뽑아 하나는 여호와를 위하고 하나는 아사셀을 위하여 드렸는데 여호와를 위한 양은 지성소에 들어가 여호와께 속죄 제물로 드리고, 아사셀을 위한 양은 제사장이 양의 머리에 안수하고 전 백성의 죄를 지워서 광야로 내어 쫓아냈습니다.

이처럼 우리 주 예수 그리스도는 나 같은 죄인을 위하여 제사장들과 종교지도자들과 백성들에 버림을 받고 영문 밖에 쫓겨나 십자가에 못 박혀 죽으셨습니다. 우리는 그 십자가상에서 흘리신 그리스도의 피로 속죄함을 받은 것입니다.

> "이 예수를 하나님이 그의 피로써 믿음으로 말미암는 화목제물로 세우셨으니 이는 하나님께서 길이 참으시는 중에 전에 지은 죄를 간과하심으로 자기의 의로우심을 나타내려 하심이니"(롬 3:25)

성부 하나님은 몸소 독생자 예수 그리스도로 피를 흘리게 하심으로써 화목제물로 삼으셨습니다. 독생자 예수 그리스도는 몸소 피를 흘리심으로 속죄제물이 되셨습니다. 우리에게 임할 죄의 진노를 몸소 받으셨습니다. 그리하여 예수를 그리스도로 믿는 그리스도인의 죄를 속량하시고, 자유와 평화를 주셨습니다.(롬 3:24)

> "우리는 다 양 같아서 그릇 행하여 각기 제 길로 갔거늘 여호와께서는 우리 모두의 죄악을 그에게 담당시키셨도다."(사 53:6)

죄의 삯은 사망입니다.(롬 6:23) 하나님이신 예수님이 사람으로 오셔서 우리의 죄를 담당하고 십자가에 못 박혀 죽으심으로 죄의 삯을 다 지불하셨습니다. 그리고 십자가상에서 "다 이루었다"고 선언하셨습니다. 그리스도로 믿는 그리스도인은 죄로부터 해방되었습니다. 그리스도 예수의 피로 자유와 평화를 얻었습니다.

> "율법을 따라 거의 모든 물건이 피로써 정결하게 되나니 피 흘림이 없
> 은즉 사함이 없느니라."(히 9:22)


## 3. 소유의 은혜

> "주 안에서 부르심을 받은 자는 종이라도 주께 속한 자유인이요 또 그
> 와 같이 자유인으로 있을 때에 부르심을 받은 자는 그리스도의 종이니
> 라."(고전 7:22)

속죄는 하나님의 소유가 되게 하기 위한 것입니다. 바울 사도는 그리스도 예수로 말미암은 구원을 노예와 자유인의 관계로서 이해하고 있습니다. "주 안에서 부르심을 받은 자는 종이라도 주께 속한 자유자요 또 이와 같이 자유자로 있을 때에 부르심을 받은 자는 그리스도의 종이니라"(고전 7:22)고 했습니다. 즉 그리스도인은 죄의 노예에서 그리스도라는 귀한 대가의 지불에 의해 사들여져 하나님의 것이 되었습니다(고전 6:20, 7:23)

그리스도의 죽으심은 하나님의 뜻에 의해 속죄 제물이 되어 그리스도로 말미암아 속량되는 것에 의해 하나님과 무관계였던 사람들도 성별되어 하나님의 백성이 되고 그리고 우리들이 하나님의 백성으로 된 것은 곧 그리스도의 속죄의 복음을 전 세계에 전할 사명을 지키게 하시기 위해서입니다. 이것이 그리스도의 노예(종)라는 것입니다(계 5:9, 14:3)

또한 그리스도는 "섬김을 받으려 함이 아니라 도리어 섬기려"하고 그리고 "자기 목숨을 많은 사람의 대속 물로 주려" 세상에 오신 것입니다(막 10:45, 마 20:28) 그리스도인은 그리스도의 종으로 그

리스도를 따라 세상에 쓰이는 그리스도의 종입니다. 그리스도인은 그리스도의 종 곧 그리스도의 것입니다.

## 4. 소망의 은혜

> "그뿐 아니라 또한 우리 곧 성령의 처음 익은 열매를 받은 우리까지도 속으로 탄식하여 양자 될 것 곧 우리 몸의 속량을 기다리느니라."(롬 8:23)

속죄는 그리스도인으로 종말의 소망을 갖게 함입니다. 우리는 속죄함을 받았습니다. 하나님과 화해가 되었습니다. 세상으로부터 해방되었습니다. 하나님의 것이 되었습니다. 우리는 그리스도로 말미암는 속죄에 의해 지금 이미 구속된 자인 동시에 아직 또한 완전한 구원을 대망하면서 사는 자입니다. 그리스도의 속죄의 은혜를 확인케 하고, 구원의 기쁨을 주는 동시에 종말의 희망을 품게 하시는 이가 보혜사 성령이십니다.

우리들은 그 "성령의 처음 익은 열매를 받는" 자입니다. 이 사실은 현재의 각양의 괴로움이나 모순 및 싸움을 극복하여 하나님의 승리의 궁극의 열매를 대망케 하는 것입니다. 곧 성령의 처음 익은 열매를 받은 우리까지도 속으로 탄식하여 양자될 것 곧 우리 몸의 구속을 기다리는 것입니다.(롬 8:23) 우리는 하나님의 구속(속죄)의 역사(일하심)로 완성을 지향하여 끊임없이 새로이 그리스도의 십자가의 속죄의 은혜를 믿으며 복음을 전해갈 것입니다. 교회에서 행해지고 있는 성찬식은 떡과 포도주를 나누는 일을 통하여 이것을 확인하는 일입니다.

## 6. 승리의 도道

"그가 여기 계시지 않고 그가 말씀 하시던 대로 살아나셨느니라. 와서 그가 누우셨던 곳을 보라."(마 28:6)

로마 정부와 유대 지도자들이 그리스도 예수를 십자가에 못 박아 죽였습니다. 그러나 그는 죽음의 권세, 어두움의 권세, 죄악의 권세, 사단의 권세, 지옥의 권세를 깨뜨리시고 살아나셨습니다. 그들은 그리스도 예수를 십자가에 못 박아 죽이고 승리한 줄 알았으나 그리스도 예수는 죽음의 권세, 어두움의 권세, 죄의 권세, 사단의 권세, 지옥의 권세를 깨뜨리시고 부활하심으로 승리하셨습니다.

제1차 전쟁을 과학 전쟁이라 하고, 제2차 전쟁을 물리학 전쟁이라 합니다. 사실은 사탄과의 전쟁입니다. 일본은 성전(聖戰)이라 했고 히틀러는 하나님의 십계명을 버리게 하고 자신이 만든 십계명을 지키게 했으며 독일의 목사들을 모두 잡아 옥에 가두고 또는 죽였습니다.

이때, 백림의 니뮐러 목사는 "하나님을 이길 자가 누구냐?" 라는 제목으로 설교를 하고 옥에 갇혔습니다. 1945년에 니뮐러 목사가 출옥하여 외쳐 설교할 때, "히틀러는 죽어 지옥에 가있었고, 그 오만불손한 일본은 히로시마에 원자폭탄 세례를 받고 무조건 항복했습니다. 이때, 미국의 트루만 대통령은 이 사실을 전 세계에 방송한 후에, 이 전쟁을 승리하게 하신 하나님께 감사의 기도를 드리자" 하고 8월 19일 전 국민이 일제히 하나님께 감사의 기도를 드렸습니다. 그리스도인이기 때문에, 신망애로 살기 때문에, 진선의로 살기 때문에 환난과 핍박을 받고 멸시와 버림을 받습니까? 그리스도 신앙으로 강하고 담대하시기 바랍니다." 라고 하였습니다.

하나님께서 여호수아에게 "너는 알라"(신 9:1-5)고 말씀하셨습니다. '하나님이 우리 앞에 나아가심을 너는 알라. 하나님이 우리 대신 싸워 주심을 너는 알라. 하나님의 언약의 불변하심을 너는 알라. 젖과 꿀이 흐르는 가나안을 네게 주심을 너는 알라' 고 하셨습니다. 그리고 '좌우로 치우치지 말라. 요단강을 건너가라. 여리고성을 정복하라. 젖과 꿀이 흐르는 가나안을 정복하라. 내가 너희와 함께 해 주겠다. 너를 떠나지도 버리지도 아니하겠다.' 고 하셨습니다.

몸과 마음을 찌르는 가시가 있습니까? 다음과 같이 하면 반드시 승리할 것입니다.

첫째, 자신을 쳐서 하나님께 복종시키고, 나는 날마다 죽노라가 일용할 양식이 되며, 나를 부정하고 예수를 긍정하면 반드시 승리합니다.

둘째, 나를 찌르는 가시로 인하여 하나님께 감사하고, 범사에 감사하면 반드시 승리합니다.

셋째, 말씀을 주야로 묵상하고 항상, 쉬지 말고, 무시로, 기도하면 반드시 승리합니다.

넷째, 먹든지 마시든지 무엇을 하든지 하나님께 영광을 올려드리면 반드시 승리합니다.

기독교는 승리의 도입니다.

# 20 째날 십자가의 상하좌우 上下左右
(요 19:17-30)

십자가는 사형수를 처형하는 사형 틀입니다. 그런데 왜 십자가 목걸이, 십자가 훈장, 십자가 왕관, 십자가 국기를 만듭니까? 십자가 국기를 가진 나라들은 한 결 같이 복지국가들입니다. 사형 틀인 십자가가 언제부터 이렇게 영광스러운 십자가가 되었습니까?

하나님의 독생자인 우리 주 예수 그리스도께 우리를 위하여 우리의 죄를 담당하고 우리의 죄를 대신하여 골고다 언덕에서 십자가에 못 박혀 죽으시고 삼일 만에 부활하시고 40일 후에 승천하시고 50일에 보혜사 성령이 강림하신 이후부터입니다.

## 1. 골고다 십자가에는?

예수 그리스도께서 못 박혀 있었습니다.(요19:17-18) 골고다 언덕에는 세 개의 십자가가 있었습니다. 좌우에 강도들이 못 박혀 있었고, 중앙에 우리 주 예수 그리스도께서 못 박혀 있었습니다.

첫째 아담이 에덴동산 중앙에 있는 선악과를 따먹고, 범죄 타락하여 죄인이 되었기 때문에 마지막 아담이신 예수 그리스도께서 그 죄값을 치루기 위하여 죄인들의 중앙에서 십자가에 못 박혀 죽으셨습니다. 그러므로 누구든지 예수를 그리스도로 믿으면 십자가의 사랑과 공의로 죄 씻음을 받고, 십자가의 사랑과 은혜로 구원함을 받아 자유와 평화를 누리게 됩니다.

십자가에 명패가 있었습니다.(19-21) 빌라도가 십자가 위에 "유대인의 왕"이라고 히브리어와 로마어와 헬라어로 써붙였습니다.(20) 당시에, 이 세 나라가 세계를 대표하고 있었기 때문입니다. 로마는 정치, 헬라는 철학, 히브리는 종교입니다.

예수 그리스도는 히브리, 로마, 헬라의 왕이십니다. 곧 만왕의 왕이요 만주의 주이십니다. 예수 그리스도는 하늘과 땅의 왕입니다. 사랑과 공의로 다스리시는 왕이십니다.

## 2. 십자가 곁에는?

두 강도가 십자가에 못 박혀 있었습니다.(18b) 예수 그리스도를 강도와 같은 죄인으로 합리화하기 위하여 강도와 함께 십자가에 못 박았습니다. 그러나 예수 그리스도는 강도와 같은 죄인들을 구원하기 위하여, 죄인들의 죄를 담당하고 죄인들의 죄를 대신하여, 십자가에 못 박혀 죽으셨습니다.

두 강도가 예수 그리스도께서 십자가에 못 박혀 죽으실 때, 함께 죽은 것처럼 우리 주 예수 그리스도를 믿는 사람은 예수 그리스도와 함께 십자가에 못 박혀 죽었습니다. 죄인이 죽었습니다.

여인들이 가슴을 치며 통곡하고 있었습니다.(25) 제자들은 주를 버리고 뿔뿔이 흩어졌고, 도망쳐 버렸습니다. 그러나 여인들은 가슴을 치고 통곡하며 십자가를 지고 가시는 예수 그리스도의 십자가 밑에까지 따라갔습니다. 고난과 굴욕의 자리까지, 죽음의 자리까지 따라갔습니다. 일편단심 백절불굴 독야청청했습니다.

우리 주 예수 그리스도께서 죄인들을 끝까지 사랑하심 같이 우리

도 우리 주 예수 그리스도를 끝까지 사랑하고, 이웃들을 끝까지 사
랑합시다. 그러므로 죄인들과 이웃들이 우리 주 예수 그리스도를
믿고 죄 사함 받아 구원받게 합시다.

## 3. 십자가 아래는?

빌라도와 대제사장이 있었습니다.(21) 그는 예수 그리스도가 죄가
없다는 것을 알면서도 황제와 백성을 두려워하여 예수 그리스도를
십자가에 못 박으라고 내어주었습니다. 그는 고난과 죽음이 두려워
살아 뛰고 있는 자기의 양심을 십자가에 못 박아 죽였습니다. 우리
의 선하고 의롭고 진실한 양심은 살아 뛰고 있습니까?

대제사장은 죄인들을 대신하는 자입니다. 그런데 그들은 메시야
이신 그리스도 예수를 고발하여 십자가에 못 박아 죽였습니다. 제
사장인 우리는 어떠합니까? 대신은커녕 고발하고 십자가에 못 박아
죽이지는 않습니까? 예수 그리스도만이 아니라 그 누구라고 고발하
고, 죽이려고 하지는 않았습니까?

로마 군인과 유대인들이 있었습니다.(23-24) 로마 군인들은 예수
그리스도를 채찍으로 때리고, 십자가에 못 박아 죽였습니다. 그리
고 그리스도의 겉옷을 찢어 나누었고, 속옷은 제비 뽑아 나누었습
니다.

그들은 무지한 자들이며 포학한 자들입니다. 나도 빼앗겼으니 나
도 빼앗고, 나를 속였으니 나도 속이는 자들이었습니다. 힘을 가하
고 자기의 유익을 추구하는 자였습니다. 유대인들입니다. 이들은
마음을 합하여 주님을 죽이자는 자들입니다. 사람을 살리자고 마음
을 합해야 하지 않겠습니까? 우리는 사람을 죽이자고 마음을 합하

지 말고, 사람을 살리자고 마음을 합합시다.

## 4. 십자가 위에는?

십자가 위에는 성부 하나님이 침묵하고 계셨습니다. 날이 캄캄하고 바람이 불고 소나기가 쏟아졌습니다. 하나님이 통곡하신 것입니다. 그렇게 통곡하시면서도 하나님은 침묵하셨습니다. 독생자가 불의한 자들의 고발로 불의한 자의 재판을 받고, 불의하게 십자가에 처형당하는 것을 보면서도 하나님은 침묵하셨습니다. 나 같은 죄인을 구원하기 위해서였습니다.

예수님 또한 침묵하셨습니다. 불의한 자들의 고발로 불의한 자의 재판을 받고, 불의하게 십자가에 못 박혀 죽으면서도 침묵하셨습니다.

대제사장을 비롯하여 백성들이 세 가지 죄목으로 예수님을 십자가에 못 박았습니다.

첫째, 자칭 하나님의 아들이라는 것.

둘째, 백성을 소란하게 하는 자라는 것.

셋째, 가이사에게 세금을 바치지 말라고 한 것.

절대 그런 것이 아니었습니다. 죄인들을 구원하기 위하여 세상에 오셨고, 죄인들의 죄를 담당하고 대신하셨습니다. 그래도 우리 주님께서는 침묵하셨습니다.

빌라도는 아내가 예수 그리스도에 대한 꿈을 꾸고, 남편에게 "저 옳은 사람에게 아무 상관도 하지 말라"는 말을 듣고 놓아주려고 했습니다. 예수님이 죄가 없으시다는 것을 알았기 때문입니다. 그러

나 그는 백성들이 두려워 사형선고를 했습니다. 그래도 우리 주님
께서는 침묵하셨습니다.

　우리 주 예수 그리스도는 홍포를 입고 가시 면류관을 쓰고 가죽채
로 모진 매를 맞으며 무거운 십자가를 지고, 골고다로 올라가 그 십
자가에 못 박혀 죽으셨습니다. 그래도 우리 주님께서는 끝까지 침
묵하셨습니다. 나 같은 죄인을 구원하기 위하여 침묵하셨습니다.

　우리 주 예수 그리스도의 사랑과 공의를 가슴 깊이 새겨 늘 감사
하고, 사랑하며, 참고, 섬기며 침묵합시다.

# 십자가의 은혜
(롬 5:8-11)

십자가는 사형수를 사형하는 사형 틀입니다. 수치와 고통과 죽음을 가져다주는 치욕의 사형 틀을 사랑과 공의의 십자가로 믿는 자들에게 예수 생명과 능력, 자유와 평화, 사랑과 은혜, 긍휼과 인자, 속죄와 칭의, 지혜와 회복, 정복과 승리, 부활과 보증, 치유와 평강, 용서와 소통, 정복과 환히, 자랑과 영광이 된 것은 무엇 때문입니까?

십자가에 못 박혀 죽으신 예수가 그리스도(메시야)이기 때문입니다.

메시야 곧 기름부음을 받은 자이기 때문입니다.

곧 우리의 왕이요 제사장이요 선지자이기 때문입니다.

그렇습니다. 우리 주 예수 그리스도는 우리의 메시야이십니다. 왕이요 제사장이요 선지자이십니다. 길이요 진리요 생명이요, 힘이요 빛이요 답입니다. 그러므로 예수 십자가는 예수 생명과 능력, 자유와 평화, 기쁨과 안식, 평강과 승리, 구원과 영생입니다.

예수 십자가는 하나님의 사랑과 공의와 은혜입니다. 우리는 예수 십자가의 사랑과 공의와 은혜로 살아왔고, 살고 있으며, 살아가고 있습니다.그 사랑과 공의가 아니면 우리는 한 시도 살 수 없습니다.

# 1. 사랑의 은혜

“그가 우리를 위하여 목숨을 버리셨으니 우리가 이로써 사랑을 알고 우리도 형제들을 위하여 목숨을 버리는 것이 마땅하니라.”(요일 3:16)

사랑이 무엇입니까? 사랑은 주는 것이며, 받는 것입니다. 나누는 것이며, 함께 하는 것입니다. 희생하는 것입니다. 예수 그리스도께서 못 박혀 죽으신 그 십자가는 하나님의 사랑입니다. 하나님은 독생자 예수 그리스도를 우리에게 주셨고, 하나님의 보내심을 받은 하나님의 사랑인 예수 그리스도는 우리를 위하여 십자가에 못 박혀 죽으셨습니다.

그 십자가의 사랑의 은혜는 생명을 주셨습니다. 하나님은 우리가 예수 그리스도를 믿음으로 영접하면 은혜로 하나님의 자녀가 되는 권세를 주신다고 언약하셨습니다.(요 1:12)

이 세상 그 누가 죄인을 구원하려고, 죄인의 죄를 담당하고 죄인의 죄를 대신하여 십자가에 못 박혀 죽었습니까? 그리스도 예수 밖에는 전에도 없었고 지금도 없으며 앞으로 없습니다. 사랑이라는 글을 많이 쓰고 사랑이라는 말을 많이 하지만 죄인을 구원하기 위하여 죄인의 죄를 담당하고 죄인의 죄를 대신하여 십자가에 못 박혀 죽는 사랑은 우리 주 예수 그리스도 밖에 없습니다.

이 땅에 제사장과 레위인은 많이 있으나 착한 사마리아 사람은 적습니다. 착한 사마리아 사람도 강도 만난 자를 위하여 죽지는 않았습니다. 그러므로 죄인을 구원하기 위하여 죄인의 죄를 담당하고 죄인의 죄를 대신하여 십자가에 못 박혀 죽으신 분은 인류역사에 우리 주 예수 그리스도 밖에 없습니다. 전무후무합니다.

예수만이 우리 주 예수 그리스도이십니다.

창조주 구속주 심판주이십니다.

자기 백성을 저희 죄에서 구원할 자이십니다.

우리의 왕이요 제사장이요 선지자이십니다.

우리의 하나님이요 우리의 구주이십니다.

십자가의 종교인 그리스도교만이 참 종교입니다.


독생자를 희생시킨 하나님의 사랑을 받아들이지 않는 사람은 영원한 사랑을 논할 가치가 없습니다. 독생자를 십자가에 희생시키는 하나님의 사랑을 받아들이지 아니하는 사람은 사랑 이야기를 할 수 없습니다. 하나님의 사랑을 알지 못하면서 사랑이야기를 한다는 것은 소경이 봄 동산을 이야기 하는 격입니다.

사랑은 사랑을 사랑합니다.

사랑은 사랑을 사랑하며 삽니다.

사랑은 사랑을 사랑하다 죽습니다.

"사랑은 사람의 병과, 오류와, 근심과, 슬픔과, 죄악을 고치는 만능 약이다. 사랑은 어디서나 생명을 만들어 내고 회복시키는 거룩한 생명력이다. 우리 모두에게 만약 우리가 원한다면 역사하는 기적의 능력을 준다."고 미국의 노예제도 폐지론자였던 리디아 M 차이드 여사가 말했습니다.


## 2. 칭의의 은혜

"그리스도 예수 안에 있는 속량으로 말미암아 하나님의 은혜로 값없이 의롭다 하심을 얻은 자 되었느니라."(롬 3:24)

"한 사람이 순종하지 아니하므로 많은 사람이 죄인이 된 것 같이 한 사람이 순종하심으로 많은 사람이 의인이 되리라."(롬 5:19)

대표의 원리에 의하여 첫째 아담의 범죄로 모든 인간이 죄인이 되었고(롬 3:10) 그 죄 값으로 죽게 되었습니다.(롬 6:23) 마지막 아담이신 예수 그리스도께서 죄인의 죄를 담당하고 대신하여 십자가에 못 박혀 죽으시며 그는 십자가상에서 큰 소리로 "다 이루었다"고 선언하셨습니다.(요 10:30) 그리하여 예수를 그리스도로 믿는 사람의 죄를 속죄하여 의인이 되는 은혜를 주셨습니다.(롬 5:1) 곧 이신칭의(롬 1:16, 10:10, 벧전 1:29) 이은득의(행 15:11, 엡 2:5, 딛 3:5)의 은혜를 주셨습니다.

의롭게 되었다는 말은 죄인을 의롭게 만들었다는 말이 아니라 죄인을 의롭다고 선언했다는 말입니다. 죄가 전혀 없기 때문에 의인이라고 선언한 것이 아니라 죄를 죄로 여기지 않겠다고 선언한 것입니다. 실제 상태는 죄인이지만 재판장이신 하나님께서 무죄를 선포하여 죄인의 신분에서 의인의 신분으로 공표하신 것입니다. 이는 하나님의 사랑과 공의에 의하여 십자가에 못 박혀 죽으신 하나님의 독생자이신 우리 주 예수 그리스도의 사죄에 대한 열렬한 변호의 덕분입니다.

율법의 행위 곧 도덕이나 윤리, 수양이나 철학, 공로나 고행으로 의롭게 되는 것이 아니라 전적인 십자가의 사랑과 공의와 공로로 의롭게 되었습니다. 의롭게 된 것은 심령의 변화가 아닙니다. 십자가의 사랑과 공의와 공로에 의한 법정적 선언입니다. 그러므로 그 누구도 예수를 그리스도 믿는 그리스도인을 송사하지 못하며 정죄하지 못합니다.

칭의에는 세 가지 성질이 있습니다.

첫째, 은혜성 – 칭의는 행위에 있지 않고 전적인 하나님의 은혜입니다.

둘째, 법정성 – 칭의는 심령의 변화가 아닙니다. 하나님의 사랑과 공의와 공로에 의한 법정적 선언입니다.

셋째, 최종성 – 칭의는 결코 번복이 아닙니다. 예수를 그리스도로 믿으면 영원히 의롭습니다(요10:28)

칭의에는 세 가지 결과가 있습니다.

첫째, 죄책과 형벌을 면합니다. 의인에게는 형벌이 없습니다. 이 세상은 많이 있으나 하나님 앞에서는 절대 없습니다.

둘째, 하나님의 자녀가 됩니다. 하나님의 은혜와 그리스도의 의로 자녀가 되며 자녀의 권세를 누리게 됩니다.

셋째, 영생을 얻습니다. 썩지 않고 쇠하지 아니하는 기업 곧 영생을 얻습니다.

칭의에는 삶이 따라야 합니다.

첫째, 하나님과 화평을 누려야 합니다.

둘째, 항상 믿음과 소망과 사랑이 있어야 합니다.

셋째, 항상 기뻐하고 쉬지 말고 기도하며 범사에 감사해야 합니다.

넷째, 진리의 터 위에 세우고 진리 안에 거하며 진리를 따르고 진리로 살아야 합니다.

다섯째, 예배, 전도, 교육, 봉사의 사명을 다해야 합니다.

## 3. 화목의 은혜

"사랑은 여기 있으니 우리가 하나님을 사랑한 것이 아니요 오직 하나님
이 우리를 사랑하사 우리 죄를 위하여 화목제로 그 아들을 보내셨음이
니라."(요일 4:10)

누구든지 십자가를 지고 죽지 않는 사람은 자유와 평화를 누릴 수
없습니다. 위인, 성인이라도 우리를 위하여 십자가를 지고 죽지 않
는 사람은 화목을 누릴 수 없습니다. 그 사상이 훌륭하고 그 가르침
이 훌륭하며, 그 삶이 위대하다 할지라도 십자가를 지고 죽지 않는
사람은 화목의 은혜를 누릴 수 없습니다.

분쟁과 다툼이 어디서 옵니까? 자기 욕망에서 옵니다. 누구든지
자기 욕망을 십자가에 못 박아 죽이기 전에는 화목을 이룰 수 없고
누릴 수 없습니다. 우리 주 예수 그리스도는 하나님과 우리와의 화
목을 이루기 위하여 십자가에 못 박혀 죽으셨습니다. 화목제물이
되셨습니다. 하나님과 나, 너와 나, 우리와 우리의 화목을 위하여
화목제물이 되셨습니다.


두 나무를 합쳐 놓은 것이 십자가입니다. 서로 분리하면 십자가가
아닙니다. 우리가 하나님과 분리하면 화목도 분리됩니다. 사람 인
자(人)는 둘이 합한 것입니다. 분리하면 사람이 아닙니다. 분리하면
화목이 안됩니다. 서로 합해야 화목이 됩니다. 생각과 말과 행동이
합해야 화목이 됩니다.

합하려면 자기를 십자가에 못 박아 죽여야 합니다. 그리스도와
분리하여 십자가를 생각할 수 없습니다. 나 하나 가지고는 사랑의
열매를 맺을 수 없습니다. 나 하나 가지고는 자녀를 낳을 수 없습니
다. 그 누가 이 진리를 부인할 수 있습니까? 그리스도 예수와 분리

하면 지옥이요 그리스도 예수와 하나 되면 천국입니다.

　우리 주 예수 그리스도의 십자가가 없는 화목은 참 화목이 아닙니다. 사랑으로 십자가를 지고 십자가로 자기를 죽이는 희생이 있을 때 나도 너도 우리 모두 화목하게 되고, 그 화목을 누리게 되는 것입니다. 먼저 가정에서 남편과 아내, 부모와 자녀, 형제와 자매, 그리고 이웃과 이웃의 관계가 화목의 관계가 되어야 하나님께 영광이 되고 우리들이 행복하게 됩니다. 내 몫에 태인 십자가를 지고 우리 주 예수 그리스도를 따르지 않고서는 화목의 은혜를 누릴 수 없습니다. 나 자신을 십자가에 못 박아 죽여야 합니다.

# 십자가의 종교 1
(고후 5:15-17)

십자가는 고대 서방세계에 있어서의 사형집행의 형구(刑具)였습니다. 십자가는 고통과 죽음을 가져다주는 형구였으나 예수 그리스도의 속죄의 죽음에 의해 사랑과 용서의 구현(具現), 또는 자기희생의 표상이 되었으며, 그리스도인에 있어서 심원한 의미를 갖게 되었습니다.

그리스도 당시의 십자가형은 노예에 대한 형으로서 치욕과 혐오를 뜻했습니다.(요 19:31, 고전 1:29, 갈 3:13, 빌 2:8) 그러나 예수 그리스도께서 십자가에 못 박히심으로써 그 치욕과 혐오는 사도들을 비롯한 그리스도인들에 의해 영예로 바뀌었습니다(갈 6:14) 그것은 그리스도 예수께서 십자가에 죽으심으로써 인류를 대신하여 죄의 속량이 이루어졌기 때문입니다.

죄인은 율법의 행위로 의롭다함을 얻을 수가 없습니다. 하나님의 독생자이신 예수 그리스도의 죽으심에 의해서 의롭게 되었습니다. 그러므로 십자가는 하나님의 전적인 은혜의 선물입니다. 믿음으로 받아야 합니다.(롬 3:22–25)

예수 그리스도의 십자가는 죄의 속량을 위하여 인류를 대신하여 바쳐진 '화목제물'(속죄제물)입니다.(롬 3:25) 또한 그리스도 예수의 십자가의 죽으심은 세상의 지배자인 사단과 악령들의 세력의 파멸(궤멸)이기도 합니다. 그리스도의 죽으심에 의해 악령들의 승리는 일장춘몽이 되었고, 그의 부활의 능력에 의해서 그들을 위해 영원하신 지배를 행사하기에 이르렀습니다.

이같이 하여 죽음도 죄도 율법의 권세도 악령의 극복과 함께 일체 무력화된 것입니다.(고전 15:24,55, 엡 2:13-17) 이 십자가로 말미암아 율법의 정죄에 대한 승리(골 2:14)에 있어서의 그리스도 예수의 역사와 그 결과로서의 하나님과 죄인과의 화해(골 1:20) 동시에 인간 서로의 화해(엡 2:13-16)를 가장 많이 명백하게 나타내는 말로 되었습니다.

기독교는 십자가의 종교입니다. 예수 그리스도께서 죄인을 구원하기 위하여 죄인의 죄를 담당하고 죄인의 죄를 대신하여 십자가에 못 박혀 죽으셨기 때문입니다.


예수가 누구십니까? 우리 주 예수 그리스도이십니다. 우리는 죄와 허물로 죽은 자입니다. 주는 창조주 구속주, 심판주이십니다. 예수는 자기 백성을 저희 죄에서 구원할 자이십니다. 그리스도는 사랑과 공의로 다스리는 왕이요 우리를 긍휼과 인자로 대신하는 제사장이요 우리를 의와 인애로 가르쳐 인도하는 선지자이십니다.

우리 주 예수 그리스도는 죄가 없어야 하고, 죄가 없는 피가 있어야 합니다. 그러므로 하나님이셔야 하고, 사람이어야 합니다. 그리고 대신 죽어야 하고, 대신 부활해야 합니다. 인류역사에 이런 분은 전에도 없었고 지금도 없으며 장차도 없습니다. 오로지 우리 주 예수 그리스도밖에 없습니다.

우리 주 예수 그리스도의 사명을 언제 완성하셨습니까? 객관적으로는 그가 십자가에 못 박혀 죽으시기 직전에, "다 이루었다"(요 19:39)고 선언하셨을 때 이루셨고, 주관적으로는 예수를 "그리스도"로 영접할 때(요 1:12) 이루어집니다.

그러므로 우리 주 예수 그리스도를 영접하는 자는 예수 십자가의 사랑과 공의로 속죄함을 받고, 구원함을 받고 자유와 평화를 얻었습니다. 죄와 어둠과 사단과 죽음과 지옥에서 자유하게 되었고, 평화를 얻었습니다.

## 1. 예수, 모든 사람을 대신하여 죽으시다

> "그가 모든 사람을 대신하여 죽으심은 살아 있는 자들로 하여금 다시는 그들 자신을 위하여 살지 않고, 오직 그들을 대신하여 죽었다가 다시 살아나신 이를 위하여 살게 하려 함이라."(고후 5:15)

첫째 아담이 지은 죄로 모든 사람이 죄로 죽었습니다. 마지막 아담이신 우리 주 예수 그리스도께서 모든 사람을 대신하여 죽었습니다. 그러므로 예수님을 믿는 모든 사람이 구원을 받게 되었습니다. 예수 그리스도께서 "다 이루었다"고 선언하셨습니다. 재판장이 무죄를 선고하면 무죄가 되는 것입니다. 그리스도이신 예수가 다 이루었다고 선언했으니 다 이룬 것입니다.

예수를 그리스도로 믿는 사람은 죄 사함 받고 구원함을 받았습니다. 십자가의 사랑과 공의로 죄 사함 받고 구원함을 받았습니다.

> "아들을 믿는 자들에게는 영생이 있고, 아들에게 순종하지 아니하는 자는 영생을 보지 못하고 도리어 하나님의 진노가 그 위에 머물러 있느니라."(요 3:36 5:24)

어느 시골에 사랑하는 처녀와 총각이 있었습니다. 총각의 이름은 크롬웰입니다.

크롬웰이 친구의 꾐에 빠져 큰 죄를 짓고, 사형 선고를 받았습니

다. 당시에는 저녁 만종 소리에 맞추어 사형을 집행했습니다. 크롬
웰은 죽기 전에 애인을 한 번 만나도록 해달라고 요청했으나 거절당
했습니다.

그는 고개를 숙이고, 저녁 만종 소리를 기다렸습니다. 그런데 종
소리가 나지 않았습니다. 집행관은 부하를 성당에 보냈습니다. 성
당의 종지기는 귀머거리였습니다. 그는 수화로 종을 쳤다고 했습니
다. 그러나 종은 울리지 않았습니다. 왜일까요?

종탑에 올라가 보니 중년의 여인이 피를 흘리고 종에 매달러 있었
습니다. 자신의 몸을 종에 동여맨 것입니다. 그 여인은 크롬웰의 유
모였습니다. 그녀는 친 엄마보다 더 사랑으로 양육했습니다. 십자
가의 사랑으로 양육했습니다. 자신보다 크롬웰을 더 사랑했습니다.
그렇게 사랑하는 아들 크롬웰이 결혼도 못하고, 사형을 당하게 되
자 종이 울리지 못하도록 자신의 몸을 종에 동여맨 것입니다.

이 아름답고 숭고한 희생적인 사랑에 감동을 받은 집행관은 상부
에 탄원서를 제출했습니다. 탄원서를 본 상부의 직원들이 감동을
받아 왕에게 탄원하여 사형이 면제되었습니다.

"내가 진실로 진실로 너희에게 이르노니 한 알의 밀이 땅에 떨어져
죽지 아니하면 한 알 그대로 있고 죽으면 많은 열매를 맺느니라."(요
12:24)

우리를 구원하기 위하여 우리의 죄를 담당하고, 우리의 죄를 대신
하여 십자가에 못 박혀 죽으신 우리 주 예수 그리스도의 사랑과 공
의의 십자가의 희생제물의 공로로 믿는 모든 사람은 죄 사함 받고,
구원을 받았습니다.

> "그가 모든 사람을 대신하여 죽으심은 살아 있는 자들로 하여금 다시는
> 그들 자신을 위하여 살지 않고 오직 그들을 대신하여 죽었다가 다시 살
> 아나신 이를 위하여 살게 하려 함이라."(고후 5:15)

"살아 있는 자들"은 예수를 그리스도로 믿어 그리스도와 함께 죽고 그리스도와 함께 산 그리스도인들입니다. "다시는 그들 자신을 위하여 살지 않고"란 다시는 죄인 되었을 때처럼 자신을 위하여 살지 않는 다는 말씀입니다. "오직 그들을 대신하여 죽었다가 다시 살아나신 이를 위하여 살게 하려 함이라"란 오직 죄인을 대신하여 죽었다가 다시 살아나신 그리스도 예수를 위하여 살게 하려 함"이라는 말씀입니다.

그리스도인은 그리스도의 피로 산 자들입니다. 피는 생명입니다. 그러므로 그리스도인은 그리스도의 것입니다. 그리스도인의 주인은 우리 주 예수 그리스도이십니다.

> "우리가 살아도 주를 위하여 살고 죽어도 주를 위하여 죽나니 그러므로
> 사나 죽으나 우리가 주의 것이로다."(롬 14:8)

그리스도인은 살아도 주를 위하여 살고 죽어도 주를 위하여 죽는 자입니다. 곧 그리스도인은,

먹어도 주를 위하여 굶어도 주를 위하여,

온전해도 주를 위하여 미쳤어도 주를 위하여,

건강해도 주를 위하여 건강하지 못해도 주를 위하여,

좋아도 주를 위하여 싫어도 주를 위하여,

기뻐도 주를 위하여 슬퍼도 주를 위하여,

있어도 주를 위하여 없어도 주를 위하여,

잘돼도 주를 위하여 잘 않돼도 주를 위하여,

성공해도 주를 위하여 실패해도 주를 위하여,

승리해도 주를 위하여, 패배해도 주를 위하여,

환영받아도 주를 위하여, 버림받아도 주를 위하여,

영광 받아도 주를 위하여, 멸시받아도 주를 위하여야 합니다.

"이는 힘으로 되지 아니하고 능으로 되지 아니하며 오직 하나님의 신으로만 되느니라."(슥 4:6)

인력으로는 할 수 없습니다. 오직 하나님이 신 곧 성령으로만 됩니다.

울어도 힘써도 참아도 안 됩니다. 오직 우리 주 예수 그리스도를 믿음으로 됩니다.

네 믿음대로 되라, 네 믿은 대로 대라, 네 믿음이 너를 구원하였느니라!

"믿음은 바라는 것들의 실상이요 보이지 않는 것들의 증거니 선진들이 이로서 증거를 얻었느니라."(히 11:1–2)

믿음은 바랄 수 없는 것을 바라는 것입니다.

믿음은 볼 수 없는 것을 보는 것입니다.

믿음은 할 수 없는 것을 하는 것입니다.


죠지 애틀리라는 젊은 선교사가 있었습니다. 그는 선교하기 위하여 주변 지역을 탐사하고 있었습니다. 인근의 원주민들이 창과 몽둥이를 들고 그를 향하여 달려오고 있었습니다. 그는 자동소총의 방아쇠를 당기고 싶은 충동을 느꼈습니다.

그는 충동을 억제하고 "주여! 이 순간을 어떻게 해야 합니까?"라고 물었습니다.

그리스도의 음성은 십자가의 헌신이었습니다.

"너는 선교사로 이곳에 오지 않았느냐? 네 목숨 하나 구하겠다고 원주민을 죽이면 네 선교지역인 중앙 아프리카 사람들이 나를 믿겠느냐? 아프리카 선교는 물거품이 될 것이다"라는 음성이셨습니다. "주여! 주님의 말씀이 옳습니다. 그러나 두렵습니다. 붙들어 주옵소서!"라고 기도했습니다. 주님께서 그에게 용기를 주셨고, 끝까지 방아쇠를 당기지 않았습니다. 원주민들은 창과 몽둥이로 그를 때려 죽였습니다.

선교사는 마지막 숨을 거두면서 스데반 집사처럼 하늘을 우러러 보았습니다. "주여! 저들의 죄를 용서하여 주옵소서! 그리고 이 종의 영혼을 받으시옵소서!"라고 기도하고 숨을 거두었습니다.

추장은 크롬웰의 자동소총 안에 열 발의 실탄이 있음을 알고, 그의 얼굴에 입 맞추며 이렇게 말했습니다. "이 사람은 우리를 살리기 위하여 대신 죽었다. 그러므로 우리는 그의 뜻을 받들어야 한다."는 추장의 말에, 순종하여 그 곳 원주민 전체가 예수를 영접하므로 그 동리가 예수 촌이 되었습니다.

# 십자가의 종교 2

(고후 5:15-17)

우리 주 예수 그리스도는 십자가에 못 박혀 죽으셨습니다. 죄인들을 구원하기 위하여, 죄인들의 죄를 담당하고, 죄인들의 죄를 대신하여 십자가에 못 박혀 죽으셨습니다. '다 이루었다' 고 선언하시고, 운명하셨습니다. 대신 죽음으로 죄의 삯을 다 갚았다고 선언하시고, 운명하셨습니다. 그러므로 우리 주 예수 그리스도를 믿으면 죄 사함 받고 구원받습니다. 십자가의 사랑과 공의와 은혜입니다.

## 2. 우리들, 새로운 피조물이 되다

> "그런즉 누구든지 그리스도 안에 있으면 새로운 피조물이라 이전 것은 지나갔으니 보라 새 것이 되었도다."(17)

우리 주 예수 그리스도는 나 같은 죄인을 구원하기 위하여 죄를 담당하고 대신하여 십자가에 못 박혀 죽으셨습니다. 그를 믿는 모든 사람들에게 십자가의 사랑과 공의로 속죄하여 구원하셨습니다. "그런즉" 우리 주 예수 그리스도께서 모든 사람을 위하여 죽으셨고, 모든 사람을 위하여 살아나셨으니 누구든지 우리 주 예수를 그리스도로 영접하면 새로운 피조물이 됩니다.

곧 새 마음(롬 12:2), 새 사람(엡 4:24)이 됩니다. 옛 사람이 새 사람이 됩니다. 사탄의 사람이 그리스도의 사람이 되었고, 지옥의 사람이 천국의 사람이 됩니다.

하나님의 새 생명을 받아 새 사람이 됩니다.

근본적으로 새 사람이 됩니다. 즉 인격적으로 새 사람이 됩니다. 지성과 감성과 의지가 근본적으로 새 사람이 됩니다.

어떻게 새로운 피조물이 됩니까? "그리스도 안에서" 새로운 피조물이 됩니다. 힘으로 능으로 될 수 없습니다. 인력으로 될 수 없습니다. 오직 하나님의 힘, 성령으로 됩니다. 다른 방법으로는 새 사람이 될 수 없습니다. 울어도 안 되고, 참아도 안 되고, 힘써도 안 되며, 오직 믿음으로 됩니다. 우리 주 예수 그리스도를 믿음으로 됩니다. 그리스도의 십자가의 사랑과 공의를 믿음으로 됩니다.

암탉이 품은 계란이 23일을 지나면 병아리가 됩니다. 병아리는 계란이 아닙니다. 닭입니다. 그러나 아직은 닭 구실을 못합니다. 이처럼 우리가 십자가의 사랑과 공의로 죄 사함을 받고, 구원함을 받은 그리스도인이 되었습니다. 속죄함 받고 구원함을 받았습니다. 물과 성령으로 중생했습니다. 그러나 아직은 성장하고 성숙하지 못하여 새 사람의 구실을 제대로 하지 못하고 있습니다. 그러나 확실하고 분명한 것은 우리 주 예수 그리스도 안에서 새 사람이 되었습니다.

새 사람이 된 증거가 무엇입니까? 성부, 성자, 성령 하나님을 믿는 것입니다. 전능하사 천지를 만드신 하나님 아버지를 믿는 것입니다. 그 외아들 우리 주 예수 그리스도를 믿는 것입니다. 우리 주 예수 그리스도께서 십자가에 못 박혀 죽으심으로 흘리신 피와 생명으로 세운 그의 몸 교회를 믿는 것입니다. 그 거룩한 교회를 믿는 것입니다.

성도가 서로 교통하는 교회를 믿는 것입니다. 그 교회의 머리는 우리 주 예수 그리스도이시고, 그의 몸은 교회임을 믿는 것입니다. 죄를 사하여 주시는 것과 몸이 다시 사는 것을 믿으며 영원히 사는 것을 믿는 것입니다. 이렇게 믿으면 '아멘' 하시기 바랍니다.

그렇다면 새로운 피조물이 된 것이 분명합니다.

새 사람이 된 것이 분명합니다.

하나님의 자녀가 된 것이 분명합니다.

선언하십시오. "나는 새 사람이다, 그리스도 안에서 새 사람이다, 그리스도의 십자가의 사랑과 공의로 새 사람이 된 새 사람이다."

생각과 말은 권세가 있습니다. 믿으시기 바랍니다.

> "좋은 나무가 나쁜 열매를 맺을 수 없고 못된 나무가 좋은 열매를 맺을 수 없느니라"(마 7:18)

나는 하나님의 자녀다. 하나님은 나의 아버지요 나는 그의 자녀다. 그러므로 하늘도 내 것이요 땅도 내 것이다 더불어 하늘도 하나님의 것이요 땅도 하나님의 것이다. 하나님의 자녀인 나도 하나님의 것이다. 라고 믿음으로 선언하시기 바랍니다.

우리 주 예수 그리스도께서 "네 믿음대로 되라"고 말씀하셨습니다. 주의 말씀은 생명이요 능력입니다. 천지만물을 말씀 한 마디로 창조하셨고, 죽은 나사로를 말씀 한 마디로 살렸습니다.

> "믿음은 바라는 것들의 실상이요 보이지 않는 것들의 증거니 이로서 선진들이 증거를 얻었느니라."(히 11:1-2)

믿음은 바랄 수 없는 것을 바라는 것입니다.

믿음은 볼 수 없는 것을 보는 것입니다.

믿음은 할 수 없는 것을 하는 것입니다.

믿음은 힘이요, 빛이요, 답입니다.

그리고 우리 주 예수 그리스도 안에서 새 사람이 된 사람은 신망애의 사람이 되었습니다. 하나님을 믿는 사람, 하나님을 소망하는 사람, 하나님을 사랑하는 사람이 되었습니다. 하나님이 믿는 사람 하나님이 소망하는 사람, 하나님이 사랑하는 사람이 되었습니다. 하나님에게 영광인 사람, 사람에게 평화인 사람이 되었습니다.

> "나무는 각각 그 열매로 아나니 가시나무에서 무화과를, 또는 찔레에서 포도를 따지 못하느니라."(눅 6:44)

> "내 형제들아 어찌 무화과나무가 감람 열매를, 포도나무가 무화과를 맺겠느뇨? 이와 같이 짠 물이 단 물을 내지 못하느니라."(약 3:12)

> "이러므로 그의 열매로 그들을 알리라."(마 7:20)

예수 십자가의 사랑과 공의, 성령과 말씀으로,

옛 사람이 새 사람이 되었고

죽은 사람이 산 사람이 되었으며,

마귀의 사람이 그리스도의 사람이 되었고,

지옥의 사람이 천국의 사람이 되었으며,

신망애의 사람이 되었습니다.

그러므로 주 안에서 항상 기뻐하고 쉬지 말고 기도하며 범사에 감사하는 삶을 해야 합니다. 빛의 열매인 진실하고 선하며 의로운 사람으로, 예수 십자가의 사랑으로 살아야 합니다. "나는 새 사람이다"라고 생각하고 선언하며 새 사람으로 살아야 합니다.

1950년 6월 30일, 전쟁 중인 북한 군 어떤 진지에서 한 장교와 한 신학생 사이에 열띤 토론이 벌어지고 있었습니다. 그 장교는 신학생의 가슴에 권총을 겨누었습니다. "네가 예수를 믿고 죽을 것이냐? 아니면 예수를 부인하고 죽을 것이냐? 시간이 없다. 결정해라. 네가 예수를 믿고 죽겠느냐? 아니면 그를 부인하고 살겠느냐?"

"나는 예수를 믿고 살기를 원합니다."

"네가 단단히 오해를 하고 있구나. 네가 예수를 믿겠다고 말하면 나는 너를 쏠 것이다. 그러나 네가 그를 부인하면 너를 살려줄 것이다."

"내가 예수를 부인하면 나는 영원히 죽습니다. 그러나 내가 예수를 믿으면 죽어도 살고 영생을 얻습니다."

그 신학생은 죽기를 각오하고 눈을 감았습니다. 몇 초 후에 꽝하고 총소리 났습니다. 그 신학생이 눈을 떴을 때 장교는 이렇게 말했습니다.

"나는 너의 결단이 마음에 든다. 나도 너처럼 헌신적인 공산주의자가 될 것이다."

그 신학생은 목사가 되어 지금도 그 공산주의 장교를 위하여 기도하고 있습니다.

# 십자가의 치유
(출 15:22-26)

"이르시되 너희가 너희 하나님 나 여호와의 말을 들어 순종하고 내가 보기에 의를 행하며 내 계명에 귀를 기울이며 내 모든 규례를 지키면 내가 애급사람에게 내린 모든 질병 중 하나도 너희에게 내리지 아니하리니 나는 너희를 치료하는 여호와이니라."(출 15:26)

이스라엘 백성이 사흘 길을 가서 마라에 닿았는데, 그 곳 물이 써서 마실 수가 없었습니다. 백성들이 또 모세를 원망했습니다. "우리가 목이 말라 죽겠다"며 돌을 들어 치려했습니다.

온유한 모세는 여호와께 무릎은 꿇었습니다. 여호와께서는 무릎을 꿇은 모세에게 "한 나무 가지를 물에 던지라"고 지시하셨습니다. 모세는 여호와의 명대로 여호와가 지시하신 나무 가지를 물에 던졌습니다. 그렇게 쓴 물이 달아졌습니다.

하나님은 그들을 위하여 법도와 율례를 정해주셨습니다. 그리고 말씀하시기를, "너희가 너희 하나님 여호와의 말을 청종하면 내가 애급 사람에게 내린 모든 질병의 하나도 너희에게 내리지 아니하리라. 나는 너희를 치료하는 여호와이니라."고 말씀하셨습니다.

본문에서 여호와의 치유를 받는 길을 알 수 있습니다.

## 1. 쓴 물이 단 물이 되어야

"모세가 여호와께 부르짖었더니 여호와께서 그에게 한 나무를 가리키
시니 그가 물에 던지니 물이 달게 되었더라."(출 15:25a)

쓴 물이 단 물이 되게 하려면 먼저 여호와께 무릎을 꿇어야 합니
다. 아내가 간 경화로 죽게 되었습니다. 의사의 말에 의하면, 이식
수술을 하지 않아도 죽고 이식수술을 해도 죽는다고 사형을 선고했
습니다. 그러나 필자는 "치료하는 여호와"께 무릎을 꿇었습니다.

아버지 하나님! 종은 하늘에도 하나님 밖에 없고 땅에도 하나님
밖에 없습니다. 하나님이 없으면 종도 없고 아내도 없습니다. 그러
므로 종은 아버지 하나님 앞에 무릎을 꿇었습니다. '긍휼히 여겨주
옵소서.' 라고 통곡하며 부르짖었습니다. 말씀을 강론하면서도 통
곡하였고, 잠자리에서도 통곡했으며 자동차를 몰고 가면서도 통곡
했습니다.

'아버지 하나님, 긍휼이 여겨주옵소서!' 라고 부르짖었습니다. 건
강한 사람을 보아도 눈물이 나오고 몸이 불편 사람을 보아도 눈물이
나오며 사랑하는 사람들을 보아도 눈물이 나왔습니다. 눈물로 세월
을 보냈습니다.

나의 구원이신 여호와여 내가 주님께 기도합니다
주는 나의 능력이시며 나의 안식이라
주는 나를 도우시며 언제나 지켜주시며
나의 삶에 평강이시니 내가 구함이라
나의 하나님 나의 하나님 은혜와 긍휼함으로 내게 베푸소서 나의
하나님 나의 하나님 그는 나의 여호와 나의 구세주
긍휼이 풍성하신 하나님이 긍휼을 베풀어 주셨습니다.

아내는 은혜 중에 간이식수술을 받았고
아버지 하나님은 긍휼히 여겨주셨습니다.
아내는 14년을 은혜 중에 살고 있습니다. 할렐루야 아멘.

다음은 여호와의 명대로 지시하신 한 나무 가지를 물에 던져야 합니다. 이스라엘이 질병으로부터 치유되기 위해서는 마라의 쓴 물이 단물로 바꾸어야 합니다. 쓴 물이 단 물이 되기 위해서는 하나님이 지시하신 한 나무 가지를 물에 던져야 합니다. A. W. Pink라는 미국의 성경학자는 그 나무가 주께서 지신 십자가 나무라고 했습니다. 여기에 영적인 뜻이 있습니다. 주께서 지신 십자가, 피 흘리신 십자가, 속죄의 십자가를 심령에 넣어야 질병이 치유된다는 것입니다.

어느 주일 새벽에 아내를 위하여 기도하는데 뜨거운 눈물이 그침 없이 흘려 내렸습니다. 예수 속죄의 십자가가 내 심령 안에 있었습니다. 아버지 하나님이 긍휼히 여겨 회개의 눈물을 주셨고, 치유의 은혜를 주셨습니다.

## 2. 하나님의 말씀을 순종해야

"자리를 들고 걸어가라"는 주님의 말씀을 순종한 38년 된 환자가 깨끗이 나았습니다. "실로암 못에 가서 눈을 씻으라"는 주님의 말씀을 순종한 소경이 눈을 떴습니다. "네 손을 내밀라"는 주님의 말씀을 순종한 손 마른 환자가 깨끗이 나았습니다.

"그물을 배 오른 편에 던지라"는 주님의 말씀을 순종한 베드로는 큰 물고기 153마리를 잡았습니다.

어느 날 시찰회를 마치고 저녁 식사를 하러 가는데, 핸드폰 전화벨이 울렸습니다. 병원에 있는 아내의 전화였습니다. "나만 병원에 놓아두고 왜 집에 있느냐?"는 것입니다.

한 숨에 달렸습니다. 아산병원에 갔더니, "왜 나를 살려놓고 이렇게 힘들게 하느냐?"하며 또 호통이었습니다. 아내가 살아 있기 때문에 아내도 필자도 고통 받는 것이었습니다. 그러므로 아내가 살아 있는 것도 은혜요 아내로 하여금 고통 받는 것도 은혜였습니다. 다음 날, 집으로 오면서 자동차 안에서 찬송시를 지어 하나님의 은혜를 찬미했습니다.

주님 은혜 감사해요 주님 은혜 감사해요

주님 은혜 감사해요 나는 행복해

나의 주님 사랑해요 나의 주님 사랑해요

나의 주님 사랑해요 나는 행복해

주님 가정 사랑해요 주님 가정 사랑해요

주님 가정 사랑해요 나는 행복해

주님 교회 사랑해요 주님 교회 사랑해요

주님 교회 사랑해요 나는 행복해

나의 이웃 사랑해요 나의 이웃 사랑해요

나의 이웃 사랑해요 나는 행복해

할렐루야 아멘아멘 할렐루야 아멘 아멘

할렐루야 아멘아멘 나는 행복해

# 예수 보혈의 능력 1
(히 10:19-21)

"또 그 피가 뿌린 옷을 입었는데 그 이름은 하나님의 말씀이라 칭하더
라."(계 19:13)

"성경을 짜 보아라 피가 나올 것이다." 종교 개혁자 마르턴 루터
가 한 말입니다. 구약성경을 짜면 짐승의 피가 나오고, 신약성경을
짜면 예수의 피가 나옵니다.

예수는 피 옷을 입으신 우리 주 예수 그리스도십니다.

그는 우리 주십니다. 창조주, 구속주, 심판주십니다.

그는 예수십니다. 자기 백성을 저희 죄에서 구원할 자십니다.

그는 그리스도십니다. 곧 메시야이십니다.

우리를 사랑과 공의로 다스리는 왕이십니다

우리를 긍휼과 인자로 대신하는 제사장입니다.

우리를 인애와 진실로 가르쳐 인도하시는 선지자십니다.

그는 우리의 길이요 진리요 생명이십니다.

그는 우리의 힘이요 빛이요 답이십니다.

그는 우리의 믿음이요 소망이요 사랑이십니다.

그는 우리의 선한 목자요 주치 의사요 의로운 재판장이십니다. 곧
우리의 하나님이요 우리의 구주이십니다.

교회는 피 옷을 입으신 우리 주 예수 그리스도의 피로 세운 그리

스도의 몸입니다. 십자가 사랑의 공동체입니다. 거룩한 공회입니다.

성경은 우리 주 예수 그리스도가 입은 피 옷의 말씀입니다. 성육신 된 말씀과 기록 된 말씀입니다. 피로 기록 된 말씀입니다. 피로 시작하고 피로 진행하며 피로 마치는 말씀입니다.

그리스도인은 주님의 피로 속죄함 받아 구원 받은 하나님의 자녀들입니다. 우리 주 예수 그리스도의 몸의 지체들입니다.

"보라 세상 죄를 지고 가는 하나님의 어린양이로다."(요 1:29)

"자유라는 나무는 피를 먹어야 자란다."는 말과 같이 이스라엘 백성들의 자유는 유월절 양의 피를 먹고 자랐고, 그리스도인들의 자유는 하나님의 어린양 예수의 피를 먹고 자라왔고, 자라고 있으며, 자라가고 있습니다.

기독교 역사는 피의 역사입니다.

출애굽의 역사는 유월절 양의 피의 역사요

구약의 제사는 흠 없는 짐승의 피의 역사요

우리 주 예수 그리스도의 탄생의 역사는

죄 없는 두 살 아래의 아이들의 피의 역사요

인류 구원의 역사는 주 예수 그리스도의 피의 역사입니다.

주님께서 겟세마네 동산에서 기도 중에 흘리신 피는 문제 해답의 피요, 채찍에 맞아 흘리신 피는 질병 신유를 주는 피요, 가시 면류관을 쓰시고 흘리신 피는 영육의 축복의 피요, 십자가 위에서 흘리신 피는 속죄 구원의 피입니다.

갈보리 산 십자가 위에서 흘리신 우리 주 예수 그리스도의 피는 그를 믿는 모든 사람들의 심장에 흐르고 흘러 오대양 육대주 남녀노소, 빈부귀천, 지식유무, 권력고하, 인물유무, 동서양인, 색깔유무, 종족의 차별이 없이 예수를 그리스도로 믿는 몸과 마음에 흐르고 있습니다.

## 1. 예수의 피, 성소에 들어갈 길을 열다

첫째, 죄인은 성소에 들어갈 수 없습니다.

여호와께서 모세에게 성막을 지으라고 말씀하셨을 때, 성막 마당과 성소, 성소와 지성소를 구별하도록 하셨습니다. 성막 마당에는 백성들이, 성소에는 제사장이 한 달에 한 번 들어가서 제사를 드리고, 지성소에는 대제사장이 1년에 한 번 들어가서 속죄제를 드리라고 명하셨습니다. 일반 백성들은 성소나 지성소에 들어갈 수 없었습니다. 일반 백성들은 하나님과 죄인 사이의 중보자인 대제사장을 통해서만 지성소에 들어갈 수 있었습니다.

구약은 신약의 그림자요 신약은 그 실체입니다. 구약의 대제사장은 신약의 대제사장이신 우리 주 예수 그리스도의 그림자요 신약의 우리 주 예수 그리스도는 구약의 대제사장의 실체입니다.

주님은 모든 죄인의 중보자이십니다. 모든 죄인은 우리 주 예수 그리스도를 통하여 지성소에 들어갈 수 있습니다. 하나님의 나라에 들어갈 수 있습니다.

둘째, 예수께서 속죄의 피를 흘리셨습니다.

대제사장이 1년에 한 번 지성소에 들어갈 때는 백성들의 죄를 대속하는 흠이 없는 짐승의 피를 가지고, 들어갔습니다. 그 피는 생명을 상징하는 것으로 백성들의 생명을 대신하는 것이었습니다.

구약의 피 제사는 신약의 우리 주 예수 그리스도의 속죄의 피 제사를 예표하는 그림자요, 신약의 피 제사는 구약의 피 제사의 실체입니다.

하나님의 구속의 경륜 속에 구약의 예언대로 우리 주 예수그리스도께서는 모든 죄인을 구원하기 위하여 모든 죄인의 죄를 담당하고 모든 죄인의 죄를 대신하여 십자가에 못 박혀 죽으셨습니다. 속죄의 피를 흘리셨습니다. 대속의 피를 흘리셨습니다.

"다 이루었다"고 선언하고 운명하셨습니다. 당신의 생명을 죄의 삯인 사망의 삯으로 주고 죄인을 구원하여 예수 생명과 능력, 사랑과 은혜, 긍휼과 인자 자유와 평화, 기쁨과 안식, 평강과 승리, 위로와 부요, 구원과 영생을 주셨습니다. 우리 주 예수 그리스도의 단 번의 속죄제사가 모든 죄인의 죄 값을 다 치르셨습니다. 마지막 아담의 속죄제이기 때문입니다.


구약 성막의 제사는 신약교회의 예배의 뿌리요 모형이요 신약교회의 예배는 구약성막의 제사의 실체이며 열매입니다. 여호와 하나님이 언약하신 메시야이신 주 예수 그리스도께서 십자가의 희생제물이 되심으로 구약성막 제사를 완성하셨고, 그 실체와 열매가 되셨습니다. 신약교회의 예배는 짐승을 드리는 예배가 아니라 나 자신을 드리는 예배입니다. 짐승이 제물이 아니라 나 자신이 제물입니다.

신약교회의 예배의 원리는 "하나님께 영광 사람에게 평화"(눅 2:14)입니다. 기도도 찬송도 헌금도 말씀강론도 축도도 모두 "하나님께 영광 사람에게 평화"가 되어야 합니다. 성령과 말씀으로 드려야합니다. 준비된 예배, 감동된 예배, 실천된 예배가, 되어야 합니다. 곧 산 예배, 전 예배, 삶 예배가, 되어야 합니다.

산 예배를 드려야 합니다.

> "그러므로 형제들아 내가 하나님의 모든 자비하심으로 너희를 권하노니 너희 몸을 하나님이 기뻐하시는 거룩한 산 제물로 드리라. 이는 너희가 드릴 영적 예배니라."(롬 12:1)

"예수"를 "그리스도"로 영접하면 그리스도와 함께 죽고, 그리스도와 함께 산자가 됩니다.(요 1:12) 그러므로 죄인으로 산 죄인을 드리는 예배가 아니라 그리스도 신앙으로 그리스도와 함께 산 그리스도의 사람을 드리는 예배이어야 합니다.

'전(全) 예배' 를 드려야 합니다.

> "예수께서 이르시되 네 마음을 다하고 목숨을 다하고 뜻을 다하여 주너의 하나님을 사랑하라 하셨으니 이것이 크고 첫째 되는 계명이요 둘째도 그와 같으니 네 이웃을 네 몸 같이 사랑하라 하셨으니 이 두 계명이 온 율법과 선지자의 강령이니라."(마 22:37-40)

이처럼 전(全) 예배를 드려야 합니다. 몸과 마음과 기도와 찬미와 물질을 다하여 드려야 합니다. 마음과 뜻과 정성과 지혜와 목숨을 다하여 드려야 합니다. 기쁨으로 자원하므로 감사하므로 희생하므로 믿음으로 삶의 예배를 드려야 합니다.

> "나더러 주여, 주여 하는 자마다 다 천국에 들어갈 것이 아니요 다만 하늘에 계신 내 아버지의 뜻대로 행하는 자라야 들어가리라."(마 7:21)

삶이 없는 믿음은 죽은 믿음입니다. 삶이 없는 예배는 죽은 예배입니다. 성령과 말씀의 삶의 예배를 드려야 합니다. 곧 믿음과 소망과 사랑의 삶의 예배를 드려야 합니다.

산 예배와 전 예배와 삶 예배는 드리는 예배와 받는 예배가 있습니다.

드리는 예배는 몸과 마음과 기도와 찬송과 물질을 드리는 예배입니다. 마음과 뜻과 정성과 지혜와 목숨을 다하여 드려야 합니다. 정좌, 정시, 정청하여 드려야 합니다.

받는 예배는 말씀과 축도입니다. 말씀은 성육된 말씀과 기록된 말씀이 있습니다. 성육신된 말씀은 우리 주 예수 그리스도이고, 기록된 말씀은 성령의 감동으로 기록된 성경입니다. 그러므로 이 말씀을 "아멘" 하고 받아야 합니다. 그리해야 하나님께 영광 사람에게 평화가 됩니다.


셋째, 그리스도 안에서 하나님께로 나가게 되었습니다.

속죄의 피를 흘리심으로 구약의 제사의식을 끝마치셨을 뿐 아니라 하나님께 예배하는 방식도 바꿔 놓으셨습니다. 이제는 대제사장이신 우리 주 예수 그리스도를 통해서 하나님께 직접 나아가는 길이 열렸습니다. 마지막 아담이요 구약 대제사장의 실체인 우리 주님께서 단 번에 속죄의 제사를 드리셨기 때문입니다.

그러므로 예수를 그리스도로 믿는 자는 우리 주 예수 그리스도의 피로 속죄함을 받아 하나님께 직접 나아갈 수 있게 되었습니다. 우리 주 예수 그리스도께서 다 이루었기 때문입니다. 그리스도인은 우리 주 예수 그리스도의 이름으로 담대히 하나님께 나아갈 수 있습니다. 그 은혜에 감사하며 헌신해야 할 것입니다.

# 예수 보혈의 능력 2

(히 10:19-21)

우리 주 예수 그리스도는 피 옷을 입은 그리스도이십니다. 그리스도의 몸인 교회는 피가 흐르는 사랑의 공동체입니다. 그리스도의 말씀인 성경은 피로 기록된 말씀입니다. 우리 주 예수 그리스도의 십자가에서 흘리신 피는 성소에 들어갈 길을 열어 놓았습니다.

성소에 들어갈 수 없는 죄인에게 속죄의 피를 흘리심으로 죄인이 속죄함 받고, 그 성소에 들어갈 수 있는 길을 활짝 열어놓았습니다. 우리 주 예수 그리스도 안에서 하나님께 나아가도록 은혜를 주셨습니다.

## 2. 예수의 피, 휘장을 열어놓다

첫째, 성소의 휘장이 찢어졌습니다.

구약의 성전에는 성소와 지성소를 분리하는 휘장이 있어 지성소 안에는 대제사장만이 들어가도록 되어 있습니다. 이 휘장은 죄로 인해 하나님께 나아갈 수 없는 죄인들의 상태를 상징적으로 보여주는 것입니다.

그 휘장이 우리 주 예수 그리스도께서 십자가에 못 박혀 죽으실 때 상하로 찢어졌습니다. 이제는 성전의 휘장이 필요 없게 되었기 때문입니다. 그리스도 예수의 구속으로 말미암아 죄인과 하나님

사이에 막혀 있던 죄의 담이 허물어지고, 예수 그리스도 안에서 하나님과 화목하게 되었기 때문입니다.

죄 값으로 생명을 주신 예수께서 십자가 위에서 "다 이루었다"고 선언하시고 운명하셨습니다. 십자가의 피로 죄 값을 다 치루고 씻어 주셨습니다. 그리고 주 예수 그리스도를 나의 하나님, 나의 구주로 믿는 자에게 죄에서 자유와 평화를 주셨습니다. 사단으로부터 자유 함을 받고 평화를 누리게 되었습니다.

예수를 그리스도로 믿는 그리스도인은 자유인입니다. 전적인 십자가의 사랑과 공의의 은혜입니다. 그러므로 그리스도인은 믿음으로 자유와 평화를 누려야 합니다. 이것이 우리 주 예수 그리스도의 뜻입니다.


둘째, 그리스도의 육체인 휘장이 찢어졌습니다.

예수의 육체가 채찍에 맞고, 못에 박히며, 창에 찔리고, 가시면류관에 찢어짐으로 죄인들이 하나님께 나아가는 길이 활짝 열렸습니다. 이제, 예수를 그리스도로 믿는 자들은 예수의 사랑과 공의와 은혜의 피에 의지하여 담대히 하나님께 나아가 예배할 수 있게 되었습니다.

그리스도 예수의 십자가의 죽음이 죄인인 우리들에게는 생명과 능력이요 자유와 평화요, 구원과 영생입니다. 그의 십자가의 죽음과 함께 찢어진 성소의 휘장으로 사람들은 그동안 볼 수 없었던 지성소 안의 모습을 경이로운 시선으로 바라보았습니다. 죄인들이 볼 수 없었던 하나님을 우리 주 예수 그리스도의 속죄로 인하여 믿음의 눈으로 볼 수 있게 되었습니다. 이것은 하나님의 주권과 언약과 사랑의 은혜입니다.

셋째, 그리스도인들이 하나님과 하나가 되었습니다.

성소의 휘장이 찢어짐으로 실제로 하나님과 그리스도인이 하나가 되었습니다. 우리 주 예수 그리스도께서 승천하시면서 언약하신 보혜사 성령을 보내 주셔서 그리스도인들 속에 좌정하시어 그들을 지켜 보호하여 주시고, 붙들어 인도하여 주시며, 가르쳐 다스려주시고, 싸워 이겨주시며, 항상 함께 동행 해주십니다.

이러한 사실은 승천하시면서 제자들에게 주신 우리 주 예수 그리스도의 약속하신 말씀인 "내가 세상 끝 날까지 너희와 항상 함께 있으리라"는 말씀에서도 잘 나타나 있습니다. 그러므로 우리 그리스도인들은 예수 그리스도의 구속의 피로 하나님과 항상 함께함을 감사하며 성령의 인도하심에 따라 살아가야 합니다.

## 3. 하나님의 집을 잘 다스리시는 제사장

첫째, 예수 그리스도는 대제사장이십니다.

구약의 성전에서는 대제사장만이 지성소에 들어가 제사를 드렸습니다. 대제사장은 백성들의 대표로 하나님에게 백성들의 죄의 용서를 비는 제사를 드렸습니다. 또한 백성들에게는 하나님의 대리자로서 용서를 선포하는 제사를 드렸습니다. 이처럼 우리 주 예수 그리스도는 대제사장으로서 중보자의 역할을 담당했습니다.

대제사장이신 예수는 자신이 스스로의 속죄양으로서 죄인들을 위한 희생 제물이 되셨을 뿐만 아니라 하나님으로서 "다 이루었다"고 선언하심으로 죄인들의 죄 값을 다 갚아 주셨음을 선포하셨습니다. 그러므로 예수를 그리스도로 믿는 그리스도인은 예수 생명과 능력 자유와 평화 기쁨과 안식을 누리게 되었습니다. 믿음으로 누리는 삶이 있어야 우리 주 예수 그리스도께서 기뻐하십니다.

둘째, 예수 그리스도는 교회의 머리가 되셨습니다.

구약 시대에는 하나님의 집이 성전이었습니다.  신약 시대에는 각 성도들이 하나님의 집입니다. 그 공동체인 우주적인 교회가 하나님의 집입니다. 우리 주 예수 그리스도께서 속죄 제물이 되심으로 하나님 나라의 백성들을 창조하셨고 우주적인 교회를 탄생시켰습니다. 스스로 그 교회의 머리가 되시어 왕으로서 하나님 나라의 백성들을 다스리고 계십니다. 우리 주 예수 그리스도는 교회의 머리요 그 교회는 그의 몸입니다.

셋째, 성도들은 하나님의 나라의 백성들입니다.

우리 주 예수 그리스도를 왕으로 모시고 살게 된 그리스도인은 이제 그 분의 보호 속에서 악의 세력으로부터 '자유함'을 얻었고 죄의 법으로부터 해방되었습니다.  이제는 그리스도 안에서 자유롭고 평화로운 생명의 법 안에서 해방된 삶을 누리게 되었습니다.

그리스도인은 자유인입니다. 예수를 그리스도로 믿음으로 예수의 생명과 능력, 은혜와 사랑, 자유와 평화, 기쁨과 안식, 평강과 승리, 위로와 부요, 구원과 영생을 누리게 되었습니다.  이것은 믿음으로만 누리는 은혜입니다.

우리 주 예수 그리스도의 피는 성소에 들어갈 길을 활짝 열어놓으셨습니다. 피는 분리되어 있는 휘장을 활짝 열어 놓으셨습니다. 우리 주 예수 그리스도는 하나님의 집을 잘 다스리시는 대제사장이십니다. 이 사랑과 은혜는 예수 그리스도를 나의 하나님, 나의 구주로 믿는 믿음으로 누리는 사랑과 은혜입니다.

"수고하고 무거운 짐 진 자들아 다 내게로 오라 내가 너희를 쉬게하리라."(마 11:28)

"누구든지 주의 이름을 부른 자는 구원을 얻으리로다."(롬 10:13)

"주 예수를 믿으라 그리하면 너와 네 집이 구원을 얻으리라."(행10:31)

# 예수 그리스도의 피 1
(요 19:31-37)

"그 중 한 군인이 창으로 옆구리를 찌르니 곧 피와 물이라."(요 19:34)

사람의 몸 안에 가장 귀중한 것은 피입니다. 그러면 그리스도의 몸인 교회 안에 가장 귀중한 것은 무엇이겠습니까? 그 몸 안에 흐르는 예수 그리스도의 피입니다.

사람의 몸에 피가 흐르지 않는 사람은 산 사람이 아니고 죽은 사람입니다. 예수 그리스도의 피가 흐르지 않는 사람은 산 그리스도인이 아니고 죽은 교인입니다. 주 예수 그리스도의 피가 흐르지 않는 교회는 산 그리스도의 교회가 아니고 죽은 교회입니다. 주 예수 그리스도의 피가 흐르지 않는 일도 산 그리스도의 일이 아니고 죽은 일입니다.

지금, 우리는 성경에 흐르는 피 가운데 우리 주 예수 그리스도의 피를 생각하고자 합니다. 예수께서 공생애를 시작하실 때 요단강에서 세례를 받으시고 물으로 올라오셨습니다. 그 때 비둘기 같은 성령이 임하셨습니다. 그 후에, 세례자 요한이 예수님을 보고 "보라 세상 죄를 지고 가는 하나님의 어린 양이로다."(요 1:29c)라고 외쳤습니다. 이 순간부터 죄 사함의 피는 구약의 짐승의 피, 곧 소와 양과 비둘기의 피에서 예수 그리스도의 피로 교체된 것입니다.

우리 주 예수 그리스도가 어떤 분이십니까?

우리의 죄를 속죄하여 주신 분이십니다.

원죄와 본죄를 사하여 주신 분이십니다.

그의 피로 다 씻어 주시고 사하여 주셨습니다. 구약에서는 짐승의 피로 씻어 주시고 사하여 주셨고, 신약에서는 예수 그리스도의 피로 씻어 주시고 사해주십니다. 우리는 피로 죄 씻음을 받았고, 죄 사함을 받아 구원 받은 하나님의 자녀들입니다. 그 사실을 기록한 책이 성경입니다. 구약과 신약입니다. 구약 39권 신약 27권입니다. 요한계시록 19:13에 이렇게 기록했습니다. "또 그가 피 뿌린 옷을 입었는데 그 이름은 하나님의 말씀이라 칭하더라."

우리 주 예수 그리스도는 피 뿌린 옷을 입으셨습니다. 그 피 뿌린 옷의 이름이 "하나님의 말씀"입니다. 그 말씀은 그가 우리를 구원하기 위하여 흘리신 피로 기록된 말씀입니다.

성경은 피로 시작하여 피로 마치는 책입니다. 성경은 주님께서 죄인을 구원하신 방법인 십자가의 죽음을 말씀합니다. 성경은 그 죽음을 통하여 뿌려진 피가 우리를 구원한 사실을 증언합니다.

그런데도 우리가 성경에서 주님의 피를 보지 못한다면 그것은 영적으로 눈이 어둡기 때문입니다. 우리 주 예수 그리스도는 이 땅에서 죄인인 우리를 구원하기 위하여 네 번씩의 피를 흘리셨습니다.

## 1. 겟세마네 동산에서 기도 중에 흘리신 피

이 피는 우리의 죄를 닦아주는 피가 아닙니다. 그 피가 우리의 죄를 닦아주는 피라면 주님은 갈보리 산까지 올라가실 필요가 없었을 것입니다. 그런데 우리 주 예수 그리스도는 갈보리 산에 올라가셨고, 거기에서 십자가에 못 박혀 죽으셨습니다. 그렇다면 겟세마네 동산에서 흘리신 예수 그리스도의 피는 그리스도인들에게 무엇을 주는 피입니까?

그리스도 예수는 십자가의 죽음에 대하여 고민하셨습니다. 십자가를 지지 않게 해달라고 힘쓰고 애써 기도하셨습니다. 땀이 피 방울이 되어 떨어지도록 힘쓰고 애써 기도하셨습니다.

"아버지여, 만일 아버지의 뜻이어 든 이 잔을 내게서 옮기시옵소서."(눅 22:42c)

땀방울이 피 방울이 될 수 있습니까? 그런데 현대 의학은 될 수 있다고 말합니다. 사람이 한 가지 일에 골몰하면 우리 몸 안에 있는 모세 혈관이 터져서 그 피가 땀방울에 섞여서 흐른답니다. 주 예수 그리스도의 기도가 어떠하였는지 가히 짐작할 수 있습니다. 주 예수 그리스도는 십자가를 앞에 두고, 생명을 걸고, 생명을 다하여 힘쓰고 애써 기도하셨습니다.

우리 주 예수 그리스도는 문제를 가리켜 "산"이라고 하셨습니다.

"내가 진실로 너희에게 이르노니 누구든지 이 산더러 들리어 바다에 던지우라 하며 그 말하는 것이 이룰 줄 믿고 마음에 의심치 아니하면 그대로 되리라."(막 11:23)

그런데 주님은 피 흘리도록 힘쓰고 애써 기도하시고 나서는 그 문제를 '산'이라 말씀하지 않고, '잔'이라고 하셨습니다. 그러므로 우리 주 예수 그리스도를 믿고 이 겟세마네의 피를 의지하여 힘쓰고 애써 기도하는 자는 산처럼 큰 문제도 잔처럼 작게 보는 믿음과 힘을 주십니다. 이 피가 뿌려져 기도의 능력을 받은 사람은 문제를 작게 보고 하나님의 능력은 크게 봅니다. 그러나 이 피가 없는 사람에게는 문제가 크게 보이고, 하나님은 작게 보입니다.

우리 주 예수 그리스도의 첫 번째 흘리신 피는 이렇게 우리에게 기도의 확신을 주시고 기도의 능력을 주시며 기도의 문을 열어주셔서 기도의 응답을 얻게 하는 피입니다.

"믿음의 기도는 홍해를 가른다."는 믿음을 주시는 피입니다. 산을 잔으로 보이게 하는 피입니다. 큰 문제를 작은 문제로 보이게 하는 피입니다. 어려운 문제를 쉬운 문제로 보이게 하는 피입니다. 불가능한 문제를 가능한 문제로 보이게 하는 피입니다. 그리스도인의 문제의 답인 피입니다.

대한예수교장로회 총회가 주류와 비주류가 분쟁할 때입니다. 필자를 믿음의 아들처럼 사랑해 주시는 최정복 목사님이 찾아오셔서 "행촌교회는 평안하지?"라고 물으셨습니다. "예, 저희 교회는 평안합니다. 염려하지 마세요."라고 말씀드렸습니다.

그 이후, 교회를 잘 살펴보니 중진들이 비주류 쪽으로 기울어져 있음을 알게 되었습니다. 알고 보니 비주류에 속한 이웃 목사님에게 설득 당한 것입니다. 그 날부터 밤낮으로 성전에 올라가 밤낮으로 기도했습니다. 겟세마네 동산에서 힘쓰고 애써 기도하신 주님을 바라보고, 필자도 힘쓰고 애써 기도했습니다.

어느 날 밤이었습니다. 눈물로 기도하는 데 하나님의 음성이 들려왔습니다.

"고요하다 하여 잠자지 말고, 환난을 당하나 낙심하지 말라. 믿음으로 기도하고, 기다리고 있노라면 때가 이르리니 기쁨으로 그 단을 거두리라. 아멘. 할렐루야!"

울고, 또 울며 감사하다고 찬송했습니다.

그 일이 있은 후 3일째 전북 무주군 적상면 삼가교회에서 장로 한 분과 집사 두 분이 찾아오셨습니다. 필자는 전혀 모르는 교회입니다. 이름조차 모르는 교회입니다. 장로님이, "저희 교회에 오셔서 함께 섬기십시다"라고 하셨습니다. 필자는 "감사합니다"라고 대답하고, 삼가교회에 부임했습니다.

부임하면서 한 달간 1인 1인 전도 운동을 했습니다. 한 사람이 한 사람을 전도하여 인도하는 운동입니다. 온 교회가 한 마음 한 뜻이 되어 기도하고 전도했습니다. 드디어 인도하는 주일에 70여 명의 교인이 90여 명을 인도했습니다. 90여 호 되는 마을이 다 예수 믿는 집이 되었습니다.

이처럼 우리 주 예수 그리스도께서 겟세마네 동산에서 힘쓰고 애서 기도하시며 흘리신 피는 믿고 기도하는 자에게 문제의 답을 주시는 피입니다.


우리 주 예수는 나의 그리스도이십니다.
나를 다스리는 왕이요 나를 대신하는 제사장이요
나를 가르쳐 인도하는 선지자이십니다.
길이요 진리요 생명이십니다. 힘이요 빛이요 답이십니다.
선한 목자요 주치 의사요 의로운 재판장이십니다.
믿음의 기도는 홍해도 가릅니다.
네 믿음대로 되라, 네 믿은 대로 되라 네 믿음이 너를 구원하였느니라 할 수 있거든이 무슨 말이냐 믿는 자는 능히 하지 못할 일이 없느니라.

"믿음은 바라는 것들의 실상이요 보이지 않는 것들의 증거니 선진들이 이로서 증거를 얻었느니라."(히 11:1-2)

믿음은 바랄 수 없는 것을 바라는 것입니다. 믿음은 볼 수 없는 것을 보는 것입니다. 믿음은 할 수 없는 것을 하는 것입니다. 경도가 끊어진 사라는 믿음으로 아들을 낳았습니다. 믿음은 힘이요, 빛이요, 답입니다.

# 예수 그리스도의 피 2
(요 19:31-37)

예수는 피 옷을 입은 그리스도이십니다. 성경은 피로 기록된 말씀입니다. 교회는 피로 세운 그리스도의 몸입니다. 그리스도인은 피로 세운 그리스도의 몸인 교회의 지체들입니다. 주님께서는 겟세마네 동산에서 기도 중에 피를 흘리셨습니다. 이 피는 기도의 확신을 주시고, 기도의 능력을 주시며, 기도의 문을 열어주셔서 기도의 응답을 얻게 해줍니다. 이 피는 문제의 답을 줍니다.

## 2. 채찍에 맞아 흘리신 피

성경을 자세히 살펴보면 우리 주 예수 그리스도는 세 시간 동안 채찍에 맞으시고 9시간 동안 피를 흘리셨습니다. 이 채찍은 가죽으로 만들었는데 그 길이가 5m 가량 되며, 그 끝에는 뾰족한 쇠못을 매달아 한번 후려치면 온 몸을 휘감아 그 뾰족한 쇠못이 등속을 파고들어 몸속에 박혔습니다. 그때 무지몽매한 자들이 그 채찍을 힘껏 당기면, 그것이 풀리면서 살점이 묻어 나왔습니다. 그래서 예수의 등허리는 밭고랑처럼 패어 피가 줄줄 흘렀습니다.

우리 주 예수 그리스도는 왜 이렇게 채찍에 맞으셨으며, 왜 피를 흘리셨습니까? 이사야 선지자는 이에 대하여 이렇게 말씀했습니다.

"그가 찔림은 우리의 허물 때문이요 그가 상함은 우리의 죄악 때문이라 그가 징계를 받음으로 우리가 평화를 누리고 그가 채찍에 맞음으로 우리는 나음을 받았도다."(사 53:5)

이처럼 채찍에 맞아 흘리신 피는 우리에게 신유를 주십니다. 즉 우리의 몸과 마음의 아픔과 육체와 영혼의 아픔의 나음을 주시는 치유해주십니다.

우리 인생에게 건강을 주십니다.

우리의 몸과 마음을 건강하게 해주십니다.

우리의 육체와 영혼을 건강하게 해주십니다.

영혼이 잘 됨 같이 범사가 잘 되며 강건하게 해주십니다.

우리 주 예수 그리스도께서 채찍에 맞아서 흘리신 피는 우리에게 신유를 주십니다. 지금, 이 시간에 이 사실을 믿고 그 피를 의지하는 성도 여러분의 질병을 깨끗이 씻어 주시기를 진심으로 소원하고, 우리 주 예수 그리스도의 이름으로 축복합니다.

## 3. 가시면류관을 쓰시고 흘리신 피

우리 주 예수 그리스도께서 십자가 못 박혀 달리셨을 때, 주님의 좌우에는 두 강도가 함께 달려있었습니다. 그러나 그들은 가시관을 쓰지 않았습니다. 오직 주님 홀로 가시관을 쓰셨습니다.

왜 주님께서만 가시관을 쓰셨습니까? 아담과 하와가 하나님의 말씀을 거역하고 범죄 했을 때, 하나님은 뱀과 아담과 하와에게 저주하셨습니다. 특히 아담과 하와에게 "땅이 네게 가시덤불과 엉겅퀴를 낼 것이라"(창3:18a)고 말씀하셨습니다.

가시는 천지 창조 때 창조된 것이 아닙니다. 하나님이 범죄 한 첫째 아담에게 저주하실 때 나왔습니다. 그런데 마지막 아담이신 주님께서 죄인을 위하여 죄인의 죄를 담당하고 죄인의 죄를 대신하여 십자가에 못 박혀 피 흘려주심으로 죄인을 구원하여 주실 때, 그 가시로 만든 가시관을 쓰셨습니다.

여기에는 깊은 의미가 있습니다. 이 가시관을 쓰시고 흘리신 주님의 피는 '죄인의 저주를 씻어주는 피' 입니다. 그리스도는 십자가에 못 박혀 죽으시면서 우리의 저주까지 담당하셨습니다. 그래서 그리스도께서 가시관을 쓰시고 흘리신 피를 믿을 때, 우리의 삶은 저주에서 축복으로 바뀌는 것입니다.

그러므로 가시관을 쓰시고 흘리신 주님의 피를 믿는 사람은 하나님의 저주가 없습니다. 시험에 들어도 저주하지 않습니다. 오직 축복 밖에 없습니다. 그러나 사랑의 징계는 있습니다. 더욱 하나님의 축복을 받아 누리게 하시기 위함에서입니다.

"또 아들들에게 권하는 것 같이 너희에게 권면하신 말씀도 잊었도다. 일렀으되 내 아들아 주의 징계하심을 경히 여기지 말며 그에게 꾸지람을 받을 때에 낙심하지 말라 주께서 그 사랑하시는 자를 징계하시고 그가 받아들이시는 아들마다 채찍질하심이라 하였으니, 너희가 참음은 징계를 받기 위함이라 하나님이 아들과 같이 너희를 대우하시나니 어찌 아버지가 징계하지 않는 아들이 있으리요, 징계는 다 받는 것이거늘 너희에게 없으면 사생자요 친아들이 아니니라 또 우리 육신의 아버지가 우리를 징계하여도 공경하였거든 하물며 모든 영의 아버지께 더욱 복종하여 살려 하지 않겠느냐?"(히 12:5–9)

주의 징계를 경히 여기기 말 것입니다.
그에게 꾸지람을 받을 때 낙심하지 말 것입니다.
주께서 사랑하시는 자를 징계하십니다.

징계가 없으면 사생자요 친 아들이 아닙니다.

유대인들에게 전해오는 이야기에 의하면 예수께서 쓰셨던 가시관을 만든 로마 병사는 사람의 얼굴을 한번만 보면 꼭 맞는 가시관을 만들었다고 합니다. 그런데 예수님의 가시관은 너무나 커서 목까지 내려왔다고 합니다. 그것을 보고 있던 병사들이 "원숭이가 나무에서 떨어졌다"고 비웃자 화가 난 그 병사가 우리 주 예수 그리스도께서 쓰신 가시관을 확 잡아 올리는 바람에 우리 주님의 얼굴이 찢어졌다고 합니다.

그래서 예수님은 더 많은 고통과 피로 인해 눈을 뜰 수 없었다고 합니다. 주님께서는 이런 고통을 끌어안으면서까지 우리의 저주를 담당하셨습니다.

하나님은 하나님의 자녀를 저주하시지 않으십니다. 축복하여 주십니다. 변함없이 축복하여 주십니다. 하나님의 자녀에게는 절대 저주가 없습니다. 오직 하나님의 축복만이 있습니다. 이 사실을 확신하고 그 축복을 받아 누려야 합니다.

## 4. 십자가에서 흘리신 피

이 피는 가장 귀중합니다. 양손과 양발과 머리에서 피를 흘리셨습니다.

우리가 손으로 지은 죄와 발로 지은 죄와 머리로 지은 죄를 그 피가 다 씻어주셨습니다. 나중에 로마 군병은 주님의 옆구리까지 창으로 찔렀습니다. 옆구리를 찌를 때는 주님이 아프지 않으셨습니다. 이미 운명하신 후였기 때문입니다.

그런데 주님이 죽으신 줄 아는 로마 군병들이 옆구리를 왜 찔렀습니까? 후일에 조사된 바에 의하면 주님의 왼쪽 가슴 셋째 갈비뼈와 넷째 갈비뼈 사이로 창이 들어갔음이 세마포에 의하여 밝혀졌습니다. 이는 바로 그곳이 심장이 있는 곳이었습니다.

여기에도 의미심장한 깊은 뜻이 들어 있습니다. 십자가에 못 박히면 피가 다 쏟아집니다. 그리고 맨 나중에 심장에만 조금 고여 있게 된다고 합니다. 주님께서는 그 심장마저도 창에 찔려 한 방울의 피도 남김없이 쏟으신 것입니다. 이 피가 바로 우리 죄인을 구원하신 피입니다. 또 우리가 마음으로 지은 모든 죄를 사하신 피입니다.


이렇게 주님은 네 번의 피를 흘리시고 죽으셨습니다. 그 피들은 우리에게 구원의 은혜로 주어졌습니다. 지금, 우리가 죄의 세력과 마귀의 세력과 어둠의 세력과 세상의 세력과 죽음의 세력과 지옥의 세력을 이길 수 있는 능력을 갖게 된 것은 오직 그리스도의 보혈의 피 때문입니다.

우리 주 예수 그리스도의 부활이 그 증거입니다. 그는 죄와 어둠과 세상과 죽음과 마귀와 지옥의 권세를 깨뜨리시고 부활 승천하셨습니다. 우리 주님을 믿는 그리스도인들에게 그리스도의 피가 죄와 죽음과 세상과 마귀와 어둠과 지옥으로부터 해방시켜 자유와 평화를 주셨습니다.

우리 주 예수 그리스도께서 흘리신,
첫 번째 흘리신 피는 문제 해답의 피입니다.
두 번째 흘리신 피는 질병 신유의 피입니다.
세 번째 흘리신 피는 영육의 축복의 피입니다.

네 번째 흘리신 피는 속죄 구원의 피입니다.

혹시 사방이 꽉 막혀있는 문제가 있습니까?

질병으로 고통하지는 않습니까?

사단과 죄와 어둠과 세상과 죽음과 지옥의 노예가 되어

있지는 않습니까?

보혈의 찬송을 부르며, 보혈의 말씀을 묵상하며, 보혈의 피를 흘리신 우리 주 예수 그리스도의 이름으로 기도하십시오. 사방이 막힌 담을 붕괴시키고 시원한 답을 주실 것입니다. 또한 질병의 사단을 물리쳐 주시고 깨끗하게 고쳐주실 것입니다. 사단과 죄와 어둠과 세상과 죽음과 지옥의 저주에서  해방시켜 영과 육의 축복을 주실 것입니다.

머리로부터 발바닥까지의 더럽고 추한 죄를 깨끗이 씻어주시고 사하여, 자유와 평화를 누리며 사는 은총을 주실 것입니다. 그리고 하나님께 영광, 사람들에게 평화가 될 것입니다. 이 은혜가 여러분 모두에게 가득하기를 진심으로 소원하고 우리 주 예수 그리스도의 이름으로 축복합니다. 아멘.

# 예수 그리스도의 손
(마 8:14-17)

사람은 이 손으로 선도 행하고, 악도 행합니다.

아담과 하와는 이 손으로 범죄 했습니다.(창 3:22)

가인도 그 손으로 아우 아벨을 쳐죽었습니다.(창 4:8)

노아는 그 손으로 의를 행했습니다.(창 8:9)

롯은 위급 시에 그 아내와 두 딸의 손을 잡아 이끌었습니다.(창 19:16)

야곱은 그 손으로 아버지를 속였습니다.(창 27:22)

요셉의 형제들은 그 손으로 요셉을 해쳤습니다.(창 37:21,22,27)

모세는 그 손으로 십계명을 받았습니다.(신 9:15)

그는 손을 들어 지팡이로 반석을 쳐서 물이 나게 했고, 교만의 죄도 범했습니다.(민 20:11)

다윗은 그 손으로 수금을 취하여 주를 찬양했습니다.(삼상 16:23, 18:10)

솔로몬은 그 손으로 나라를 견고하게 했습니다.(왕상 2:46)

그리스도는 그 손으로 선을 행하시고, 바울도(행 20:34, 고전 4:12) 사도들도(행 5:12) 주의 본을 따랐으나, 유다는 그 손으로 주를 팔았습니다.(마 26:45, 50) 우리 주 예수 그리스도의 손은 어떤 손입니까?

## 1. 피 흘리신 손

그리스도 예수의 손은 십자가에 못 박힌 손입니다. 우리를 구원하기 위하여, 우리의 죄를 다 담당하시고, 우리의 죄를 대신하여 십자가에 못 박히신 손입니다.

> "그가 찔림은 우리의 허물 때문이요 그가 상함은 우리의 죄악 때문이라 그가 징계를 받으므로 우리는 평화를 누리고 그가 채찍에 맞으므로 우리는 나음을 받았도다."(사 53:5)

주님의 손은 우리의 허물과 죄악 때문에 그가 찔림을 받았고, 상함을 받아 물과 피를 다 쏟으신 손입니다,

문 두드리는 손은 못 박힌 손이요

또 가시면류관은 그 이마 둘렀네

이처럼 기다리심 참 사랑이로다

문 굳게 닫아두니 한없는 내 죄라.

그리스도 예수는 십자가에 못 박혀 피 흘린 손으로 저와 여러분의 마음의 문을 두드리고 계십니다. 그러나 마음의 문을 열어주지 아니하고 그리스도 예수의 사랑과 은혜, 긍휼과 인자, 생명과 능력, 자유와 평화, 기쁨과 안식, 평강과 승리, 위로와 부요, 구원과 영생을 받아 누리지 못하고, 죽는 사람들이 많이 있습니다.

예수는 못 박힌 손, 곧 피 흘린 손으로 마음의 문 앞에 오셔서 노크하고 계십니다. 믿고 마음의 문을 열어주면 그의 은혜, 받아 누릴 것이요 문을 열어주지 아니하면 은혜를 받지 못할 것입니다.

우리 주 예수 그리스도의 은혜가 무엇입니까?

1) 속죄의 은혜입니다.

"예수의 피로 인하여… 전에 지은 죄를 간과하심으로 자기의 의로우심을 나타내셨습니다."(롬 3:25)

2) 구속의 은혜입니다.

"예수의 피로 말미암아 구속 곧 죄 사함을 받았습니다"(엡 1:7)

3) 성결의 은혜입니다.

"예수의 피가 우리를 모든 죄에서 깨끗하게 하셨습니다."(요일 1:7)

4) 칭의의 은혜입니다.

"예수의 피를 인하여 의롭다 하심을 얻었습니다."(롬 5:9)

5) 섬김의 은혜입니다.

"그리스도의 피가 어찌 너희 양심으로 죽은 행실에서 깨끗하게 하고 살아 계신 하나님을 섬기게 못하겠느냐."(히 9:14)

6) 소유의 은혜입니다.

"하나님이 자기 피로 사신 교회를 치게 하셨느니라."(행 20:28)

7) 성소의 은혜입니다.

"예수의 피를 힘입어 성소에 들어갈 담력을 얻었습니다."(히 10:19)

8) 생명나무의 은혜입니다.

"저희가 생명나무에 나아가며 문들을 통하여 성에 들어갈 권세를 얻으려 함이로다."(계 22:14)

## 2. 치유하신 손

엄마 손은 약손입니다. 엄마 손은 사랑의 손이기 때문입니다. 엄마의 사랑은 죽음보다 강합니다.

예수의 손은 약손입니다. 예수의 손은 사랑의 손이기 때문입니다. 예수의 사랑은 죽음보다 강합니다.

육신의 병을 치유하는 약손입니다.

소경이 보며(거지 바디메오)

앉은뱅이가 걸으며(나면서부터 앉은뱅이)

문둥이가 깨끗함을 받으며(열 문둥이)

귀머거리가 들으며 벙어리가 말하며(벙어리 귀신 들린 자) 죽은 자가 살아나며(나사로, 야이로의 딸)

12년 혈루 병을 앓던 여인이 깨끗함을 받으며

38년 된 병자를 고쳐주셨습니다.

예수의 손은 모든 병을 고쳐주는 약손입니다.

마음의 병을 치유하는 약손입니다.

사마리아 여인의 마음을 고쳐 주셨고(요 4;29)

베드로의 마음도 고쳐 주셨습니다(요 21:1- )

예수의 손은 마음이 아픈 모든 사람들의 마음을 어루만져 주시고 싸매주셔서 고쳐주는 약손입니다.

영혼의 병을 치유하는 약손입니다.
막달라 마리아의 영혼을 고쳐 주셨고(눅 8:2)
모든 사람들의 영혼을 고쳐주시는 약손입니다.

범사의 병을 치유하는 약손입니다.

"말씀을 마치시고 시몬에게 이르시되 깊은 데로 가서 그물을 내려 고기를 잡으라."(눅 5:4)

시몬이 대답하여 가로되, "선생이여 우리들이 밤이 맞도록 수고를 하였으되 얻은 것이 없지마는 말씀에 의지하여 내가 그물을 내리리이다 그리한즉 고기를 에운 것이 심히 많아 그물이 찢어지는지라 이에 다른 배에 있는 동무를 손짓하여 와서 도와 달라 하니 저희가 와서 두 배에 채우매 잠기게 되었더라."(눅 5:5-7)
이처럼 주님의 손은 몸과 마음의 병을 고쳐주는 약손입니다.

## 3. 징계하시는 손

"여호와께서 손으로 그들을 치사"(신 2:15)
"하나님의 손이 나를 치셨구나"(욥 19:21)
지금은 농촌의 영농 방법이 기계화 되어 모내기, 김매기, 추수, 타작, 도정까지 기계화 되었습니다. 필자가 어렸을 때는 모두 손으로 했습니다. 풀은 뽑아내고 곡식 나무는 붓을 해주었습니다. 이 과정에서 곡식 나무가 많이 시달렸습니다. 며칠 동안 몸살을 합니다. 몸살이 끝나면서 쑥 일어납니다. 그리하여 좋은 열매를 맺습니다.
곡식 나무인 그리스도인들은 잡풀인 세상 사람들과 함께 삽니다.

잡풀에 눌려서 살기가 힘이 듭니다. 이때, 하나님은 제초작업을 하십니다. 이 과정에서 그리스도인들은 많이 시달립니다. 몸살을 합니다. 그러나 몸살이 끝나면 평강의 은혜를 누립니다.

> "내 아들아 주의 징계하심을 경히 여기지 말며 그에게 꾸지람을 받을 때에 낙심하지 말라. 주께서 그 사랑하시는 자를 징계하고 채찍질 하심이니라 어찌 아비가 징계하지 않는 아들이 있겠느냐 징계가 없으면 사생자요 참 아들이 아니니라."(히 12:5-)

주님의 징계는 저주가 아니라 사랑이요 은혜요 축복입니다. 징계와 채찍이 있는 자는 행복한 사람입니다. 징계와 채찍은 아프고 괴롭지만 하나님의 마음에 맞는 사람, 하나님이 보기에 좋은 사람, 하나님이 기쁘게 쓰는 사람으로 만들기 위한 하나님의 사랑의 징계입니다. 하나님의 징계는 사랑의 징계이기 때문입니다.

하나님의 징계와 채찍이 있을 때 '아버지 하나님 감사합니다' 하고 말씀으로 돌아가 말씀을 붙들고 기도하시기 바랍니다. 그리하면 위대한 역사를 창조하고, 그 역사에 빛을 발하며 그 역사에 빛을 남깁니다.

모세가 손을 들 때 바다가 갈라졌고(출 14:21)
샘물이 터졌으며(출 17:6) 전쟁에 승리했습니다(출 17:11)
예수께서 손을 들 때(십자가에 못 박히심)
천국 문이 열렸고, 생명수가 터졌으며, 영전에 승리했습니다.

폭군 네로의 엄지손가락이 아래를 가리키면 검투경기에서 쓰러진 검투사의 가슴에 칼이 꽂고, 그의 엄지손가락이 위를 향하면 사자나 투우를 죽이고 쓰러진 검투사를 살렸습니다. 폭군의 엄지손가락이 사람을 죽이기도 하고 살리기도 하였거늘 하물며 만왕의 왕이요 만주의 주이신 우리 주님의 피 흘린 손은 몸과 마음의 아픔과 죄로 말미암아 죽어가는 죄인을 치유하지 못하겠으며 구원하지 못하겠습니까?

우리 주 예수 그리스도의 손은 징계의 손이요, 치유의 손이요, 구원의 손입니다. 예수는 피 흘린 손과 치유의 손과 구원의 손을 들어 저와 여러분을 어루만져 몸과 마음을 고쳐주시고 어둠에서 구원하시는 손인 줄 믿습니다.

_째날
# 나 예수는? 1
(계 22:16)

본문은 우리 주 예수 그리스도께서 자신을 증거하신 말씀입니다.


요한복음을 보면 주님이 "나는 … 이다" 라고 증거합니다.

1. 나는 세상의 빛이다(요 8:12)

2. 나는 양의 문이다(요 10:7)

3. 나는 선한 목자다(요 10:11)

4. 나는 부활이요 생명이다(요 11:25)

5. 나는 길이요 진리요 생명이다(요 14:6)

6. 나는 참 포도나무다(요 15:5)

7. 나는 생명의 떡이다(요 16:48)

8. 나는 왕이다(요 18:37)


본문에서는 이렇게 증거 합니다.

1. 나 예수는 다윗의 뿌리다(16a)

2. 나 예수는 다윗의 자손이다(16b)

3. 나 예수는 광명한 새벽별이다(16c)

이렇게 자신을 증거 하신 이유가 무엇입니까? '교회들을 위하여'
라고 하셨습니다.

기독교 역사는 고난의 역사요 순교의 역사입니다. 많은 기독교의 적대세력들이 성도들을 잡아다가 잔인하고 가혹한 방법으로 고문을 가했고, 옥에 가두었으며, 또 죽였습니다. 교회당을 불태웠고, 교회가 있는 마을을 쑥대밭으로 만들기도 했습니다.

이러한 일련의 사실은 교회가 힘이 없고 기독교가 실패한 종교인 것처럼 보였으나 장구한 세월을 거쳐 오면서 교회는 결코 그 세력이 약화되지 않았으며, 오늘도 여전히 본래의 사역을 감당하고 있습니다.

이것은 교회는 사람의 결집체가 아니고 하나님의 교회이기 때문입니다. 여호와는 나의 하나님이요 예수는 나의 메시야요 성령은 나의 보혜사요 교회는 예수 그리스도의 몸이요 나는 그 지체이기 때문입니다.


교회는 이 세상에서 유일하게 주의 뜻을 아는 기관입니다. 이 세상에서 어떤 기관도 주의 뜻을 알지 못합니다. 이러한 사실은 교회에 대하여 두 가지를 교훈하고 있습니다.

첫째는 교회가 우리 주 예수 그리스도의 뜻 가운데서 바로 서도록 해야 한다는 것입니다. 주의 뜻을 알고 행하는 교회라야 참된 교회입니다.

둘째는 이것을 세상에 전해야 한다는 것입니다. 교회가 침묵하면 세상은 죄악의 어둠에서 깨어날 수 없습니다. 주님은 "나는 세상의 빛이다"(요 8:12)라고 말씀했습니다. 세상의 빛 되신 그리스도의 몸인 교회가 밝고 맑으면 세상이 밝고 맑습니다. 교회는 세상의 빛 되신 우리 주 예수 그리스도를 증거 해야 합니다.

주의 몸인 교회가 교회의 머리되신 우리 주 예수 그리스도를 어떻게 증거 해야 합니까? 주께서 교회를 위하여 증거 하신 대로 증거 해야 합니다. 주께서 어떻게 증거 하셨습니까?

1. 나는 다윗의 뿌리다(16a)

2. 나는 다윗의 자손이다(16b)

3. 나는 광명한 새벽별이다(16c)

이렇게 증거하셨습니다. 회는 교회의 머리되신 예수 그리스도를 이렇게 증거 해야 합니다.

## 1. 다윗의 뿌리, 예수 그리스도(16a)

> "이새의 줄기에서 한 싹이 나며 그 뿌리에서 한 가지가 나서 결실할 것이요."(사.11:1)

다윗의 뿌리 라는 말에는 두 가지의 뜻이 있습니다.

첫째. 주님은 다윗보다 앞서 계셨다는 것입니다. 줄기나 가지보다 뿌리가 먼저인 것처럼 주님이 다윗보다 먼저 계셨다는 것입니다. 다윗은 그가 쓴 시편에서 장차 오실 메시야를 가리켜 "주"라고 불렀습니다. 다윗의 후손으로 오실 메시야를 "주"라고 불렀습니다. 그가 다윗의 혈통을 빌린 하나님이기 때문입니다. 예수 그리스도는 하나님이십니다. 성령으로 잉태하여 나신 하나님이십니다.

둘째. 주님은 다윗의 뿌리에서 나신 메시야라는 것입니다. 그렇습니다. 우리 주 예수 그리스도는 "메시야"십니다. "그리스도" 곧 "기름부음을 받은 자"입니다. 우리의 왕이요 제사장이요 선지자이십니다. 사랑과 공의로 다스리시는 왕이요 긍휼과 인자로 우리를 대신하시는 제사장이요 진실과 인애로 우리를 가르쳐 인도하시는 선지자이십니다. 곧 우리의 길이요 진리요 생명이요, 힘이요 빛이요 답입니다.

뿌리는 자신을 숨기고 땅 속 깊이 뻗는 속성을 갖고 있습니다. 다윗의 뿌리인 주님 역시 소리 없이 뻗고 뻗어서 전 세계를 정복하고, 다스리고 계십니다. 뿌리는 짓밟히고 흙속에 눌려있지만 그 뿌리에서 거목이 솟아오르게 하는 힘과 굳게 세워주는 힘이 있습니다.

주님은 주님의 교회가 거대하게 솟아오르게 하셨습니다. 환난과 핍박 중에도 교회는 굳게 서있게 했습니다.

주님은 항상 함께하여 주셨고, 붙들어 주셨으며, 지켜 주셨고, 보호하여 주셨으며, 인도하여 주셨고 싸워주셨고, 이겨주셨으며, 함께해 주셨습니다.

주님은 교회를 통하여 새 역사를 창조하셨고, 그 역사에 빛을 발하셨으며 그 역사에 빛을 남겼습니다. 죄인을 구원하여 하나님의 나라를 건설하셨습니다.

## 2. 다윗의 자손, 예수 그리스도(16b)

"아브라함과 다윗의 자손 예수 그리스도의 세계라."(마 1:1)

주님은 다윗의 자손입니다. 동정녀 마리아에게서 나신 다윗의 자손입니다. 유대인의 계보는 남성 위주의 계보가 아니라 여성 위주의 계보입니다. 이방인 남자와 유대인 여자와 결혼하여 자녀를 낳으면 그 자녀는 유대인입니다. 그러나 유대인 남자와 이방인 여자와 결혼하여 자녀를 낳으면 그 자녀는 이방인입니다. 다윗의 혈통인 동정녀 마리아에게서 나신 예수는 다윗의 혈통입니다.

다윗의 혈통이란 다윗의 자손이란 말입니다. 다윗의 자손이란 하나님이 아니라 사람이라는 말입니다. 성령으로 잉태하셨으나 동정녀 마리아에게서 나셨으니 주님은 하나님이시나 또한 사람이십니다. 그러니까 "다윗의 자손"이란 참 하나님이시고 참 사람이시라는 것입니다.

예수 그리스도는 "참 하나님이시며 참 사람이시다"라고 고백하는 것은 교회의 공적 고백입니다. 신성이나 인성을 부인하는 교회나 교인은 이단입니다. 예수 그리스도는 참 하나님이시며, 참 사람이시 라고 고백하는 교회와 교인이 정통 신앙이요 신학입니다.

> "사랑하는 자들아 영을 다 믿지 말고 오직 영들이 하나님께 속 하였나 시험하라 많은 거짓 선지자가 세상에 나왔음이니라 하나님의 영은 이것으로 알지니 곧 예수 그리스도께서 육체로 오신 것을 시인하는 영마다 하나님께 속한 것이요 예수를 시인하지 아니하는 영마다 하나님께 속한 것이 아니니 이것이 곧 적그리스도의 영이니라 오리라 한 말을 너희가 들었거니와 이제 벌써 세상에 있느니라."(요일 4:1-3)

초대교회를 위협하는 두 이단이 있었습니다. 에비온(Ebionism)주의와 그노시스(Gnosticism)주의였습니다. 에비온주의는 주님의 신성을 부인하고 그노시스주의는 주님의 인성을 부인했습니다. 에비온주의 자들은 "예수는 나사렛 목수의 아들일 뿐이다"라고 했고 그노시스주의 자들은 "예수의 육체는 임시 거처할 뿐이다"라고 말했습니다.

이렇게 주님의 인성을 부인한다든지 신성을 부인하면 이단입니다. 예수님은 참 하나님이시고 참 사람이시라고 믿고 고백하는 신앙과 신학이 정통입니다.

죄인의 구주 곧 메시야는 두 가지 조건을 갖추어야 합니다. 첫째는 죄가 없어야 하고, 둘째는 죽어야 합니다.

"의인은 없나니 하나도 없느니라."(롬 3:10)

아담 이후 모든 사람은 다 죄인입니다. 그러므로 인간은 죄인의 구주가 될 수가 없습니다. 하나님은 죄는 없으시지만 피도 없으십니다. 그러므로 피를 흘려 죽을 수가 없으십니다. 하나님도 죄인의 구주가 될 수 없으십니다.

그래서 죄 없으신 하나님이 피가 있는 사람으로 오셔서 죄인의 죄를 담당하고 죄인의 죄를 대신하여 십자가에 못 박혀 피 흘려 죽으셨습니다. "다 이루었다." 선언하신 후에, 장사한지 사흘 만에 사망 권세 깨뜨리시고 부활 승천하시므로 죄인의 구주가 되셨습니다.

예수 외에는 우리 하나님이 없고, 우리 구주가 없습니다. 우리의 하나님이요 구주이십니다.

하나님의 그 큰 사랑과 은혜에 감사 감격하여 찬양하고, 주님을 사랑하고, 교회를 사랑함으로써 이 생명을 온전히 주님께 드려 하나님의 나라를 건설하고 확장하는 하나님의 마음에 합한 사람, 하나님이 보기에 좋은 사람, 하나님이 쓰기에 필요한 사람이 됩시다.

그리고 신망애로 인류역사를 창조하고 인류역사에 빛을 발하며 인류역사에 빛을 남기는 사람이 됩시다.

하나님께 영광, 사람에게 평화인 이름을 남깁시다.

# 나 예수는? 2
(계 22:16)

예수님은 다윗의 자손입니다. 성령으로 잉태하여 동정녀 마리아에게서 낳으신 다윗의 자손입니다. 성령으로 잉태하여 낳으셨으니 하나님이시고 동정녀 마리아에게서 낳으셨으니 사람입니다. 다윗의 자손이란 하나님이요, 사람이라는 의미입니다.

피가 흐르지 않는 하나님이 피가 흐르는 사람으로 오셔서 하나님의 공의에 의하여 죄의 삯인 죽음을 담당하시고 대신하셨습니다. 이것은 전적인 하나님의 사랑입니다. 그러므로 예수 십자가는 하나님의 사랑과 공의입니다.

## 3. 광명한 새벽별, 예수 그리스도(16c)

성경 주경가인 바클레이는 말하기를, "모든 별 가운데 새벽별이 가장 밝으며 암흑을 몰아내는 선구자인 것처럼 예수 그리스도는 모든 별 중 가장 좋고 밝은 별이며 그 앞에서는 죄와 사망의 밤도 도망할 것이다."라고 했습니다.

광명한 새벽별이라는 말에는 세 가지의 뜻이 있습니다.

첫째. 희망을 말합니다. 어두운 밤이 지나고 새벽이 오는 것은 희

망 찬 일입니다. 예수 그리스도는,

나의 광명한 새벽별입니다.

나의 새벽입니다.

나의 희망입니다.

불안하고 초조한 밤, 무섭고 두려운 밤, 괴롭고 슬픈 밤, 고독하고 외로운 밤, 아프고 고통스런 밤, 억울하고 분한 밤, 불화하고 불목 하는 밤, 미워하여 갈등하는 밤, 힘들고 어려운 밤의 날을 광명한 새벽별이신 주님이 생명과 능력, 은혜와 사랑, 자유와 평화, 기쁨과 안식, 평강과 승리, 위로와 부요, 구원과 영생의 새벽을 주십니다.

주님은 나의 확신이요 희망입니다.


둘째, 승리를 말합니다. 칠흑 같이 어둔 방안도 촛불 한 자루만 켜면, 방안의 어둠은 사라집니다. 지구를 뒤덮은 어둠도 해만 뜨면 어둠은 사라집니다. 빛의 힘입니다. 예수 그리스도는 나의 승리입니다. 예수 그리스도는 승리자이십니다. 사망권세를 깨뜨리고 부활 승천한 승리자이십니다.

그는 사단과 싸워 이기셨습니다.

그는 죄와 싸워 이기셨습니다.

그는 거짓, 악, 불의와 싸워 이겼습니다.

그는 이단과 비 진리와 싸워 이기셨습니다.

그는 어둠과 싸워 이겼습니다.

세상을 빛으로 정복하셨습니다. 그리하여 우리에게 자유와 평화를 주셨습니다. 구원과 영생을 주셨습니다. 주님은 나의 승리자이십니다.

셋째. 은혜를 말합니다. 광명한 새벽별은 은혜입니다. 빛은 은혜입니다.

사람은 빛이 없으면 살 수 없습니다. 천하에 장사라도 빛이 없으면 살 수 없습니다. 사람만이 아니라 동물도 식물도 빛이 없으면 살 수 없습니다. 하나님은 이 빛을 은혜로 주셨습니다.

낮에는 햇빛을 주시고 밤에는 달빛과 별빛을 주셨습니다.

이 빛으로 우리를 치료해 주시고 인도하여 주십니다.

영과 육을 치료해 주시고 진리의 길로, 의의 길로, 평화의 길로, 구원의 길로, 천국의 길로 인도하여 주십니다.

사랑과 은혜의 줄로 결박하여 인도하여 주십니다.

선함과 인자하심의 두 천사로 인도하여 주십니다.

푸른 초장 시냇물가로 인도하여 주십니다.


주님은 나의 사랑과 은혜이십니다. 우리는 이 주님의 사랑과 은혜를 깨달아 알고, 주님의 사랑과 은혜를 믿음으로 누리며, 주님의 사랑과 은혜를 사랑으로 보답하십시다.

우리가 사는 이 세상은 광야와 같이 험악합니다. 살벌하고 무섭습니다. 힘들고 어렵습니다. 한 마디로 어둡고 삭막합니다. 그러나 나의 하나님, 나의 구주 그리스도 예수는 나의 광명한 새벽별입니다. 나의 희망이요 승리요 은혜입니다.

# 십자가를 내가 지고
(마 16:24)

"이에 예수께서 제자들에게 이르시되 누구든지 나를 따라 오려거든 자기를 부인하고 자기 십자가를 지고 나를 따를 것이니라."(마 16:24)

농사군 부부가 상경하여 시중에서 판매되고 있는
참기름을 먹어보고 통탄을 했습니다.
시중에 유통되고 있는 가짜 내지 저질 참기름에 혀를 차며
진짜 참기름을 팔면 큰돈을 벌 것이라고 생각하고
토종 참깨로 참기름을 짜서 팔았습니다.
당연히 장사가 잘 되어 돈을 벌 것이라고 생각했는데
손님이 없어 몇 달 후에 망하고 말았습니다.
왜 그랬을까요?
가짜 참기름을 먹고 살아온 사람들이
진짜 참기름 맛을 잃어버린 것입니다.
그들의 입맛이 가짜 참기름이 진짜 참기름이 되고
진짜 참기름이 가짜 참기름이 된 것입니다.
서글픈 일입니다.

오늘날, 우리 사회가 이렇게 되었습니다.
진짜가 가짜 취급받고, 가짜가 진짜 취급받는 사회가 되었습니다.
공의가 불의 취급받고, 불의가 공의 취급을 받습니다.

선이 악의 취급을 받고, 악이 선의 취급을 받습니다.
진실이 거짓 취급을 받고, 거짓이 진실의 취급을 받습니다.
의인이 죄인 취급받고, 죄인이 의인 취급을 받습니다.
진리가 비진리 취급을 받고, 비진리가 진리 취급을 받는
사회가 되었습니다.
가짜가 득세하다 보니 진짜가 가짜 같이 되었습니다.
사람들이 진짜를 접해도 아무 반응이 없습니다.
진리를 발견해도 아무 반응이 없습니다.

길이요 진리요 생명이신 예수를 그리스도로 믿는 우리까지 무반응의 사람이 되고 있습니다.
그리스도인들의 관심이 하나님이 필요한 내가 아니라
내가 필요한 하나님이 되었습니다.
곧 내가 하나님을 위하여가 아니라 하나님이 나를 위하여의
신앙 관념이 우리 속에 자연스럽게 배어있습니다.
내 뜻대로 마옵시고, 아버지의 뜻대로 하옵소서가 아니라
아버지의 뜻대로 마옵시고, 내 뜻대로 하옵소서가 되었습니다.
그리스도적인 신앙이 아니라 인간적인 신앙이 되었습니다.
나로 하여금 하나님의 계획이 이루지기를 소원하는 것이 아니라
하나님으로 말미암아 내 계획이 이루어지기를 소원하는 신앙이 되었습니다.

인생의 삶에 있어서 가장 중요한 것 두 가지가 있습니다.
첫째는 진실(眞實)이요 다음은 감격(感激)입니다.
진실이 없는 인생은 무가치하고, 감격이 없는 삶은 피곤합니다.

인력 곧 세상에서의 어떤 힘이 있을지라도 진실과 감격이 없으면 가치도 없고, 의미도 없으며, 행복도 없습니다. 고대광실 진수성찬인들 거기에 진실이 없고 감격이 없으면 그것이 무슨 가치가 있고 무슨 의미가 있으며 무슨 행복이 있겠습니까?

그럼 이 세상에는 진실과 감격이 없습니까?

아닙니다. 있다면 어디에 진실이 있고 어디에 감격이 있습니까? 인력(人力)입니까? 성공입니까? 아닙니다.

"십자가"입니다.

그리스도가 우리를 구원하기 위하여 우리의 죄를 담당하고

우리의 죄를 대신하여 못 박혀 죽이신 십자가입니다.

인류역사를 창조하고 인류역사에 빛을 발하며

인류역사에 빛을 남긴 승리 인생들을 보면 한결같이 그리스도의 십자가 사건을 인격적으로 깊이 체험한 사람들입니다.

그리스도 예수와 함께 죽고 산 사람들입니다.

죽고 사는 십자가 사건이 없이는 인생 승리자가 될 수 없습니다. 악인이 죽고 선인이 살며, 불의한 사람이 죽고 의로운 사람이 살며, 거짓된 사람이 죽고 참된 사람이 살며, 옛 사람이 죽고

새 사람이 살며, 마귀의 사람이 죽고 예수의 사람이 사는

십자가 사건이 없이는 인생 승리자가 될 수 없습니다.

인생 승리자는 십자가 사건의 터널을 통과한 사람들입니다.

고난의 터널을 통과한 사람들이었습니다.

학생은 시험이 있어야 하고 선수는 시합이 있어야 하며 포수는 짐승을 만나야 하듯이 인생은 십자가가 있어야 합니다.

십자가 고난의 터널을 통과해야 합니다.

십자가가 없는 종교는 참 종교가 아니며,

십자가가 없는 교회는 참 교회가 아니며,

십자가가 없는 교인은 참 교인이 아니며,

십자가가 없는 일은 참 일이 아닙니다.

십자가가 없는 진실, 십자가가 없는 선, 십자가가 없는 의는
참 빛의 열매가 아닙니다.

어떠한 빛의 열매도 십자가가 없는 참 빛의 열매가 아닙니다.

십자가가 없는 권력, 십자가가 없는 재력, 십자가가 없는 지력, 십
자가가 없는 미력은 참 힘이 아닙니다.

어떠한 인력도 십자가가 없으면 참 힘이 아닙니다.

십자가만이 참 힘입니다. 십자가는 이론이 아닙니다.

십자가는 체험입니다. 십자가 사건의 체험입니다.

죽고 사는 체험입니다.


십자가는 말로 되지 않습니다. 십자가는 이론적인 체계를 필요로
하지 않습니다. 글로 아무리 고상하게 십자가를 표현한다고 할지라
도 십자가를 체험한 사람의 한 마디 만하겠습니까? 십자가는 이론
이 아니라 체험입니다. 체험 앞에서 이론은 무용지물입니다.

신앙의 진보를 보지 못합니까?

예수 생명과 능력이 없습니까?

예수 사랑과 은혜를 누리지 못합니까?

예수 자유와 평화를 누리지 못합니까?

예수 기쁨과 안식을 누리지 못합니까?

예수 평강과 승리를 누리지 못합니까?

눈물도 없고 감격도 없고 변화도 없습니까?

예수 신망애가 없습니까? 예수 진선미가 없습니까?

예수 지정의가 없습니까?

십자가를 생각하고 바라보고 십자가를 지고 가보십시오. 십자가를 알고 십자가를 사랑하고 십자가로 살아보십시오. 십자가의 사건을 체험을 할 것입니다.

옛 사람이 죽고 새 사람이 살며, 겉 사람이 죽고 속사람이 살며 육체의 소욕의 사람이 죽고 성령의 소욕의 사람이 살며, 불행한 사람이 죽고 행복한 사람으로 살며, 마귀의 사람이 죽고 예수의 사람이 살며, 지옥의 사람이 죽고 천국의 사람이 사는 신령한 은혜를 체험할 것입니다.

예수를 그리스도로 누리게 될 것입니다.

그의 사랑과  은혜, 긍휼과 인자를 누리게 될 것입니다.

예수 생명과 능력, 자유와 평화, 기쁨과 안식, 평강과 승리, 위로와 부요, 구원과 영생을 주리게 될 것입니다.

"또 범죄와 육체의 무할례로 죽었던 너희를 하나님이 그와 함께 살리시고 우리의 모든 죄를 사하시고"(골2:13)

예수를 그리스도로 믿는 그리스도인은 그리스도와 함께 죽었고 그리스도와 함께 살았습니다.

십자가의 사랑과 공의와 공로로 죽었고 살았습니다.

"이에 예수께서 제자들에게 이르시되 누구든지 나를 따라오려거든 자기를 부인하고 자기 십자가를 지고 나를 따를 것이니라"(마16:24)

자기를 부인하고 자기 십자가를 지고 예수를 따르는 사람이 그리스도인입니다. 구원과 천국은 그리스도인들에게 주시는 하나님의 사랑과 은혜요, 긍휼과 인자하심입니다. 그러므로 십자가가 없는 사람에게는 구원과 천국이 없습니다.

그럼, 십자가가 무엇입니까? 바울은 이렇게 말합니다.

> "우리를 거스르고 불리하게 하는 법조문으로 쓴 증서를 지우시고 제하여 버리사 십자가에 못 박으시고 통치자들과 권세들을 무력화하여 드러내어 구경거리로 삼으시고 십자가로 그들을 이기셨느니라."(골2:14-15)

무슨 말씀입니까?

십자가의 속죄의 피로 죄의 삯은 사망이라는 증서를 지우시고 통치자들과 권세자들(악령들)을 이기셨다는 말씀입니다.

그리스도로 믿는 그리스도인들은 자기를 부인하고 자기 십자가를 지고 예수를 따름으로 이기고 또 이기는 자들입니다.

그리스도인의 승리는 십자가의 죽음입니다. 자신을 십자가에 못 박아 죽여야 승리합니다. 죽음이 없는 부활은 없습니다.

자기를 쳐서 복종시키지 아니하는 사람은 부활의 은총을 누릴 수 없습니다. 승리의 기쁨을 누릴 수 없습니다.

기독교는 지는 사람을 이겼다고 손들어 주는 종교입니다. 십자가에 못 박아 죽인 사람을 영생복락을 누리는 천국으로 인도하는 종교입니다. 그러므로 십자가가 없는 종교는 기독교가 아닙니다. 십자가가 없는 교회는 참 교회가 아닙니다. 십자가가 없는 교인은 참 교인이 아닙니다. 십자가가 없는 일은 참 일이 아닙니다.

그리스도인에게 항상 있어야 할 믿음과 소망과 사랑 속에 십자가가 있는지 확인해보시기 바랍니다. 그리고 내 삶속에 십자가가 있는지 확인해보시기 바랍니다. 자기를 부인하고 자기 십자가를 지고 예수를 따라 산 것을 후회하지는 않습니까? "나는 가정도 돌아보지 아니하고 교회를 위하여 살아왔는데 이렇게 고통을 당하고 있으니 후회 된다"고 하지는 않습니까? 십자가가 없는 신앙은 참 신앙이 아닙니다.

기독교는 십자가의 종교입니다. 우리 주 예수 그리스도는 모든 관건을 십자가에 두고, 결코 뒤를 돌아보거나 옆을 보지 않으셨습니다. 의식주를 돌아보지 아니하셨고, 남의 이목이나 명예나 인격까지도 돌아보지 아니하셨습니다. 십자가만 생각하고 바라보고 지셨습니다. 십자가가 모든 문제의 답이기 때문입니다.

십자가는 마지막 승리를 보장하는 하나님의 약속입니다. 십자가를 생각하고 바라보고, 지고, 예수를 따라가면 승리합니다. 구원과 천국, 상급과 면류관, 영생복락이 약속된 십자가 인생으로 살아갑시다.

# 그리스도와 함께
## (갈 2:20)

"내가 그리스도와 함께 십자가에 못 박혔나니 그런즉 이제는 내가 사는 것이 아니요 오직 내 안에 그리스도께서 사시는 것이라 이제 내가 육체 가운데 사는 것은 나를 사랑하사 나를 위하여 자기 자신을 버리신 하나님의 아들을 믿는 믿음 안에서 사는 것이라."(갈 2:20)

"내가 그리스도와 함께"라는 말에 대하여 성경학자 벵겔은 쓰기를, "이 한절은 기독교의 정상(頂上—그 이상 더 없는 것)이요, 그 정수(精髓—사물의 중심이 되는 골자 곧 요점 알맹이)이다."라고 했습니다.

우리는 예수님을 우리 주 예수 그리스도로 믿습니다.

"우리"는 죄와 허물로 죽은 자입니다.

"주"는 창조주 구속주 심판주십니다.

"예수"는 자기 백성을 저희 죄에서 구원할 자십니다.

"그리스도"는 메시야 곧 기름부음을 받은 자로 우리의 왕이요 제사장이요 선지자십니다.

내가 그리스도와 함께란 우리가 우리 주 예수 그리스도 위에 세우고, 그 안에 있으며, 그를 따르고, 그를 말하며, 그로 행동하고, 그로 살며, 그로 죽는 것입니다. 이것이 곧 정상이요 정수입니다. 그 이상 더 높은 곳이 없고 그 이상 더 좋은 알맹이가 없습니다. 최고 최상의 그리스도인입니다.

그리스도와 함께하는 그리스도인은 누구입니까?

## 1. 옛 사람이 죽은 사람(20a)

"옛 사람"이 "그리스도와 함께 십자가에 못 박혀"(20a)
죽은 사람입니다. 옛 사람(골 3:9)은 첫째 아담에게 속한 사람, 곧
죄를 섬기는 사람(고후 5:17, 엡 4:22, 골 3:9), 죄로 인하여 멸망할
사람, 죄로 말미암아 망해가고 있는 사람(엡 4:12)입니다. 낡은 사
람, 옛 사람, 육의 사람입니다.

그는 낡은 인간성, 부패 타락한 인간성, 나면서부터 인간적인 경
향을 지니고 있는 옛 사람입니다. 이는 본질적으로 믿지 않는 사람
으로(엡2:22) 180도 전환시키지 않으면 안 될 사람입니다. 이는 마
귀에게 속한 사람으로 오만 불손한 사람입니다. 이 사람은 하나님
이 물리쳐 지옥에 떨어질 사람입니다.

"그리스도"이신 우리 주 예수 그리스도가 이 옛 사람을 위하여 십
자가에 못 박혀 죽으셨습니다. 그를 믿는 자는 그 옛 사람이 그리스
도와 함께 죽었습니다. 그리스도를 영접할 때, 그리스도와 한 몸이
되어 그리스도와 함께 죽었습니다.

지옥에 떨어질 그 옛 사람이 죽었습니다.

마귀에게 속한 그 옛 사람이 죽었습니다.

율법에 의하여 죄인 된 죄인이  율법에 의하여

십자가에 못 박혀 죽으신 그리스도와 함께 죽었습니다.


율법의 저주를 받아 "범죄 한 자는 죽으리라"는 율법을 성취하여
율법에 대하여 주님과 함께 죽었습니다. 율법주의자로서의 옛 사람
이 죽었습니다. 모든 사람은 아담의 범죄에 동참함으로 죽음이란

율법의 저주아래 놓였고 마지막 아담이신 그리스도 예수의 십자가
의 죽음에 동참함으로 그 율법에 대하여 죽었습니다. 그러므로 이
제 우리가 하나님께로 갈 수 있습니다.

그리스도 예수와 함께 십자가에 못 박혔다는 것은 세 가지를 뜻합
니다.
첫째, 그리스도의 죽음의 공로에 동참하여 율법에서의 자유, 곧
죄 사함 받고 구원함을 받았다는 뜻입니다.
둘째, 그리스도의 죽음과 부활과의 영적인 교제를 가져 율법적 생
활 방식에서 그리스도의 마음에 사로잡힌 생활 원리에 사는 것입니
다.
셋째, 그리스도의 창조적 고난의 짝이 되어 그의 몸 된 교회를 위
하여 그리스도의 남은 고난을 완성하는 것입니다.

## 2. 새 사람으로 난 사람(20b)

"그런즉 이제는 내가 사는 것이 아니요 오직 내 안에 그리스도께서 사
시는 것이라."(20b)

새 사람은 그리스도 예수에게 속한 사람입니다. 성령과 말씀으로
새롭게 된 사람입니다. 그리스도 예수 십자가로 새롭게 된 사람입
니다. 새로운 인격 곧 새로운 지성과 새로운 감성과 새로운 의지를
가진 사람입니다.(엡 2:15)
예수를 알고 예수를 사랑하며 예수로 사는 사람입니다.
곧 하나님의 형상이 회복된 사람입니다.(엡 4:24, 겔 18:31)
진리의 거룩함으로 지으심을 입은 사람입니다.

참과 선과 의로 지으심을 입은 사람입니다.

그리스도와 함께 십자가에 못 박혀 죽은 그리스도인은 장사한 지 삼일 만에 어두움의 권세, 저주의 권세, 죽음의 권세, 사단의 권세, 지옥의 권세를 깨뜨리시고 부활하신 그리스도와 함께 살아났습니다. 옛 사람은 죽고 새 사람이 살아났습니다. 그리스도의 대속의 피가 옛 사람을 새 사람으로 살렸습니다.

그리스도인의 심장에는, 그리스도의 의로운 피가 흐르고 있습니다.

그리스도의 영이 내재하고 있습니다.

그리스도의 영이 지켜 보호하여 주시고, 붙들어 인도하여 주시며, 가르쳐 다스려 주시고, 싸워 이겨주시며, 함께 동행해주십니다.

위로와 치유와 수용과 용기와 희망과 확신을 주십니다.

푸른 초장 시냇 물가로 인도하여 주십니다.

진리의 길로 의의 길로, 평화의 길로, 구원의 길로, 천국의 길로 인도해주십니다.

## 3. 새 사람으로 사는 사람(20c)

"이제 내가 육체 가운데 사는 것은 나를 사랑하사 나를 위하여 자기 자신을 버리신 하나님의 아들을 믿는 믿음 안에서 사는 것이라."(20c)

그리스도 예수의 피와 영으로 새 사람이 된 그리스도인은 그리스도와 함께 새 사람으로 사는 자입니다. 그리스도를 믿는 믿음 안에서 사는 자입니다. 여기에 세 가지의 중요한 요소가 있습니다.

첫째, 어제도 사랑과 은혜, 오늘도 사랑과 은혜, 내일도 사랑과 은혜임을 아는 믿음입니다.

둘째, 그리스도 예수께서 나 위하여 성육신하셨고 십자가에 못 박혀 죽으셨으며 부활 승천하심을 믿는 믿음입니다.

셋째, 하나님의 독생자이신 그리스도 예수를 믿는 자는 하나님의 자녀가 되는 권세를 누린다는 것을 믿는 믿음입니다.

예수와 함께 죽고 산 자는 그를 믿고 바라보며 사랑합니다.

그를 생각하고 엎드리며 부릅니다.

그를 의지하며 가까이 하며 맡깁니다.

그와 함께 살고 그와 함께 죽습니다.

> "내가 그리스도와 함께 십자가에 못 박혔나니 그런즉 이제는 내가 사는 것이 아니요 오직 내 안에 그리스도께서 사는 것이라 이제 내가 육체 가운데 사는 것은 나를 사랑하사 나를 위하여 자기 자신을 버리신 하나님의 아들을 믿는 믿음 안에서 사는 것이라."(갈 2:20)

20여 년 전, 성탄절을 앞두고 12월 어느 날, 구소련에 속해 있었던 아르메니아에 대지진이 있었습니다. 수많은 사람이 죽고 부상을 당한 비극적인 대 참사였습니다.

9층짜리 아파트가 무너지면서 생긴 철근과 콘크리트 사이에 수잔나 라는 엄마와 가이아니라는 네 살 된 딸이 구조를 기다리고 있었습니다.

캄캄한 어둠 속에서 가이아니는 신음하며 "엄마! 목말라, 엄마 목말라"했습니다. 엄마는 주변에서 유리조각을 집어 자기 팔뚝을 그어 딸의 목에 흘러 넣어주었습니다.

그렇게 수일을 버렸고 마침내 극적으로 모녀는 구조되었습니다.

그리스도와 함께 사는 사람은 정상이요 정수입니다. 그 이상 더 높은 곳이 없고 그 이상 더 좋은 알맹이가 없습니다. 최고 최상의 그리스도인입니다.

예수와 함께 사는 사람은 누구입니까?

예수와 함께 죽은 사람,

예수와 함께 산 사람,

예수로 사는 사람입니다.

# 34 째날
## 찾아오시는 그리스도 1
(마 14:22-33)

세상에는 두 종교가 있습니다. 참 종교와 거짓 종교가 있습니다. 참 종교는 신이 죄인을 찾아오는 종교요  거짓 종교는 죄인이 신을 찾아가는 종교입니다. 신이 죄인을 찾아온 종교는 기독교 밖에 없습니다. 그러므로 기독교만이 참 종교입니다.

본문에 우리 하나님이요 구주이신 예수께서 고난당하는 제자들을 찾아오셔서 그들을 구원해주셨습니다. 하나님은 범죄 한 아담을 찾아가 "메시야 곧 그리스도"를 약속하셨습니다.(창 3:15) 우리 주 예수 그리스도는 죄인들을 찾아오셔서 죄인들의 죄를 담당하고 죄인들의 죄를 대신하여 십자가에 못 박혀 죽으셨습니다.

그리스도께서 보리 떡 다섯 개와 물고기 두 마리로 5천 명을 배부르게 먹이신 후 제자들을 재촉하여 바다 건너편으로 가게 하시고, 무리를 보내신 후 기도하시러 산으로 올라가셨습니다. 날은 저물고 배는 수리나 떨어져있고 풍랑을 일고 있어 제자들이 두려워 떨고 있었습니다.

주님께서 고난당하는 제자들을 찾아오셨습니다. 그러나 제자들은 유령인 줄 알고 무서워 소리를 질렀습니다. 주님은 무서워하는 제자들에게 "안심하라 내니 두려워 말라"고하셨습니다. 베드로가 "주여 만일 주시어든 나를 명하사 물위로 오라하소서"라고 했습니다. 주님은 "오라"고 말씀하셨습니다. 베드로는 주님의 말씀을 믿고 주님을 바라보고 물위로 걸어서 주님께로 갔습니다.

물위로 걷던 베드로가 바람을 보고 무서워 빠져갔습니다. "주여 나를 구원하소서!" 소리를 지르는 베드로에게 주님은 손을 즉시 내밀어 붙잡아 주셨습니다. "믿음이 적은 자여 왜 의심하였느냐?"라고 말씀하시고 배에 함께 오르셨습니다. 그 때 바람이 그쳤습니다. 배에 있는 사람들이 주님께 절하며 말하기를 "진실로 하나님의 아들이시니이다"라고 했습니다.

주님은 유령이 아니라 우리 주 예수 그리스도이십니다.

우리의 하나님이요 우리의 구주이십니다.

주님은 지금도 고난당하는 저와 여러분을 찾아오십니다.

주님의 말씀을 믿고 주님을 생각하고 바라보고 부르면 세상을 이기며 살고 주님 말씀을 의심하고 세상을 바라보고 살면 세상에 빠져 죽는다는 것을 우리는 알아야 합니다.

주님이 우리와 함께 하시면 바람도 풍랑도 그치고 잔잔해진다는 것을 알아야 합니다.

## 1. 기도하시려고 산에 올라가신 그리스도

그리스도는 기도에 힘쓰셨습니다. 그리스도의 사역이 중요한 만큼 그리스도는 깨어 기도 하셨습니다.

세례자 요한에게 세례를 받으시기 전에 기도하셨고,

열 두 제자들을 선택하기 전에 기도하셨고,

변화 산의 사건이 있기 전에 기도하셨고,

십자가를 지시기 전에 기도하셨고,

십자가 상에서도 기도하셨습니다.

이처럼 그리스도는 기도보다 앞선 일이 없으셨습니다. 우리도 기도보다 앞서는 일이 없어야하겠습니다. 모든 일은 기도가 먼저가 되어야 합니다.

그리스도의 기도는 시기, 장소, 방법이 다양하셨습니다.

산에서도 기도하셨고, 들에서도 기도하셨으며, 한적한 곳에서도 기도하셨고 도심에서도 기도하셨습니다.

저녁에도 기도하셨고, 철야하며 기도도 하셨으며, 새벽에도 기도하셨고 낮에도 기도 하셨습니다.

주님은 하나님의 뜻을 이루시기 위하여 기도하셨습니다.

우리도 시도 때도 없이, 항상, 무시로, 쉬지 말고 기도하고 장소의 구별 없이 하나님의 뜻을 이루기 위하여 힘쓰고 애써 기도해야겠습니다. 기도가 힘이요 빛이요 답입니다.

그리스도의 기도의 동기가 무엇입니까? 요한복음에 그 이유가 분명히 기록되어있습니다.

> "저희가 와서 자기를 억지로 잡아 임금 삼으려는 줄을 아시고 혼자 산으로 가시니라."(요 6:15)

그리스도는 왕이 되기 위하여 세상에 오신 것이 아닙니다. 그리스도의 사명을 가지고 세상에 오신 것입니다. 주님은 불필요한 소요에 휘말리는 것을 피하기 위하여 산으로 올라가 기도하셨습니다. 이처럼 주님께서는 산에 올라가 기도하심으로 큰 유혹을 피하여 그리스도의 길을 묵묵히 걸으셨습니다.

우리도 산에 올라가 기도합시다. 크고 작은 유혹을 피하여 산으

로 올라가 기도합시다. 그리스도인의 사명을 위하여 산으로 올라가
기도합시다. 반드시 승리인생이 될 것입니다. 그리스도인은 기도의
시기를 잃지 말아야합니다.

그리스도는 겟세마네 동산에서 기도하시면서 제자들에게 "시험에
들지 않게 깨어있어 기도하라"고 하셨습니다. 기도의 시기를 잃지
말라는 말씀입니다. 그 시기를 놓치는 것을 보시고, "나와 함께 한
시 동안도 깨어 있어 기도할 수 없더냐"라고 말씀하셨습니다.
그리스도인이 기도의 때를 놓치면 신앙의 힘을 잃게 되고 시험에
들고 악에 빠지게 됩니다. 그러므로 그리스도인은 기도의 때를 놓
치지 말아야 합니다.
만사에 때가 있듯이 기도에도 때가 있습니다. 귀 넘어 들어서는
안 됩니다. "설마가 사람 잡는다"는 말이 그저 있는 것이 아닙니다.
시험에든 이후에 후회하면 무슨 소용이 있습니까? 시험에 들기 전
에 깨어 있어 기도해야 합니다. 날마다 승리의 생활을 해야 합니다.
나를 이기지 못하면 승리인생이 될 수 없습니다. 기도로 승리하지
못하면 승리인생이 될 수 없습니다. 기도로 승리해야 합니다.
세상은 고해입니다. 바람 잘 날이 없습니다. 풍파가 몰아칩니다.
높고 거센 물결이 몰아쳐옵니다. 그리스도인은 바람을 보고 물결을
보고 두려워 떨지 말고, 바람과 물결을 멈추게 하시는 그리스도를
바라보고
"주여 나를 구원하소서!"라고 그리스도를 불러야 합니다.
불이나면 '불이야', 물에 빠지면 '사람 살려'라고 큰 소리로 부르
고 태풍을 만난 인생은 '주여'라고 큰 소리로 우리 주 예수 그리스
도를 불러야합니다. 주님을 부르면 반드시 구원을 받습니다.

“누구든지 주의 이름을 부른 자는 구원을 얻으리로다.”(롬 10:13)

하나님을 믿는 시인이 환난으로 인하여 불안해합니다. 근심하고 걱정합니다. 마음이 상하여 아파합니다. 그는 자기 음성으로 하나님께 부르짖고 부르짖습니다. 반드시 승리할 것이며 구원을 얻을 것입니다.

“주의 백성을 양 떼 같이 모세와 아론의 손으로 인도하셨나이다.”(시 77:20)

실패의 바람과 가난의 물결, 패배의 바람과 시험의 물결, 핍박의 바람과 유혹의 물결, 질병의 바람, 죽음의 물결이 노도처럼 밀려와도 이를 바라보고 두려워 떨지 말고, 바람과 물결을 그치게 하고 잔잔케 하시는 우리 주 예수 그리스도를 바라보고 “주여! 나를 구원하소서.”라고 큰 소리로 부릅시다.

직장, 재산, 건강, 남편, 아내, 부모, 자녀, 명예를 잃는 억센 바람이 불더라도 낙심하지 말고 두려워하지 맙시다. 우리 주 예수 그리스도를 바라보고 부릅시다. 그리하면 모든 것이 합력하여 선을 이룰 것입니다.(롬 8:28) 이것은 하나님은 약속입니다.

“구하라 그러면 너희에게 주실 것이요 찾으라 그러면 찾을 것이요 문을 두드리라 그러면 너희에게 열릴 것이니 구하는 이마다 얻을 것이요 찾는 이가 찾을 것이요 두드리는 이에게 열릴 것이니라. 너희 중에 누가 아들이 떡을 달라 하면 돌을 주며 생선을 달라 하면 뱀을 줄 사람이 있겠느냐 너희가 악한 자라도 좋은 것으로 자식에게 줄 줄 알거든 하물며 하늘에 계신 너희 아버지께서 구하는 자에게 좋은 것으로 주시지 않겠느냐”(마 7:7-11)

“너희가 내 안에 거하고 내 말이 너희 안에 거하면 무엇이든지 원하는 대로 구하라 그리하면 이루리라.”(요 15:7)

"누구든지 주의 이름을 부르는 자는 구원을 얻으리로다."(롬 10:13)

"환난 날에 나를 부르라 내가 너를 건지리니 네가 나를 영화롭게 하리로다."(시 50:15)

"너는 내게 부르짖으라 내가 네게 응답하겠고 네가 알지 못하는 크고 비밀한 일을 네게 보이리라."(렘 33:3)

"그가 내게 일러 가로되 여호와께서 스룹바벨에게 하신 말씀이 이러하니라. 만군의 여호와께서 말씀하시되 이는 힘으로 되지 아니하며 능으로 되지 아니하고 오직 나의 신으로 되느니라 큰 산아 네가 무엇이냐 네가 스룹바벨 앞에서 평지가 되리라 그가 머릿돌을 내어 놓을 때에 무리가 외치기를 은총, 은총이 그에게 있을지어다 하리라 하셨고 여호와의 말씀이 또 내게 임하여 가라사대 스룹바벨의 손이 이 전의 지대를 놓았은즉 그 손이 또한 그것을 마치리라 하셨나니 만군의 여호와께서 나를 너희에게 보내신 줄을 네가 알리라 하셨느니라. 작은 일의 날이라고 멸시하는 자가 누구냐 이 일곱은 온 세상에 두루 행하는 여호와의 눈이라 다림줄이 스룹바벨의 손에 있음을 보고 기뻐하리라."(슥4:6-10)

민음의 기도는 홍해를 가릅니다. 주 안에서 불가능이 없습니다.

# 찾아오시는 그리스도 2
(마 14:22-33)

하나님께서 범죄 한 아담을 찾아오셔서서 메시야를 언약하셨습니다 (창 3:15)

주님은 죄인을 찾아오셔서서 죄인의 죄를 담당하시고, 죄인의 죄를 대신하여 십자가에 못 박혀 죽으심으로 죄인을 구원하셨습니다. 주님께서는 당신을 부인하고 배신하여 갈릴리로 떠난 베드로를 찾아가셔서 사랑과 용서를 확인시켜 제자의 사명을 감당하게 하셨습니다.

우리 주 예수 그리스도는 우리가 힘들고 어려울 때, 우리가 필요할 때 우리를 찾아오셔서서 사랑과 은혜, 긍휼과 인자하심을 베풀어 주십니다.

## 2. 제자들을 훈련시키신 그리스도

오직 그리스도만을 믿고 의지하는 훈련을 시키셨습니다. 그리스도께서 제자들을 보내는 장소는 벳세다이며, 그들의 행선지는 건너편인 게네사렛이었습니다. 제자들은 배를 잘 운행했고 지형에도 익숙했으므로 두려움 없이 떠났습니다. 그때, 예기치 아니한 고난이 닥쳐왔습니다. 큰 바람과 물결이 일어났습니다.

그러나 이것 자체는 별 문제가 아니었습니다. 왜냐하면 바다에는 언제나 바람이 있고, 물결이 몰아칠 수 있기 때문입니다. 이러한 관점에서 볼 때, 문제는 단 한 가지였습니다. 주께서 그 상황에 그들과 함께 계시지 않으셨다는 것입니다. 제자들은 바다에서 생활한 경험만을 믿고서 밤도 두렵지 않았고, 그리스도도 필요로 여기지 않았습니다. 그들은 고난을 자초한 것입니다.

그리스도인은 하늘에도 그리스도 밖에 없고, 땅에도 그리스도 밖에 없습니다. 그리스도가 없으면 그리스도인도 없습니다. 잠시도 그리스도 없는 걸음을 걸을 수 없습니다.


성도의 신앙은 인력이나 경험을 의지하는 것이 아니고, 그리스도를 의지함입니다. 그 분만이 우리 주 예수 그리스도이시기 때문입니다.

그는 "주"이십니다. 창조주, 구속주, 심판주십니다.

그는 "예수"이십니다. 자기 백성을 저희 죄에서 구원할 자십니다.

그는 "그리스도"이십니다. 우리의 왕이요, 제사장이요, 선지자이십니다.

그리스도는 그리스도를 중심하는 삶을 훈련시키셨습니다. 만일, 제자들에게 고난이 없었다면 세상의 임금으로 오해 받을 수 있을 것입니다. 또한 제자들은 그리스도를 중심한 사람이 아니라 경험을 중심하는 사람으로 머물게 되었을 것입니다. 그래서 그리스도는 제자들을 떼어 보내시고 풍랑으로 제자들을 훈련시키셨습니다. 그리스도는 이 훈련의 과정을 산에서 기도하심으로서 당신이 "우리 주 예수 그리스도"이심을 믿게 하셨습니다.

그리스도는 제자들에게 고난을 이해하는 훈련을 시켰습니다. 그리스도는 사역의 후기에 이르러서 제자들에게 기회가 있을 때마다

다가오는 고난을 예고하셨습니다. 고난에 대한 이해를 돕기 위해서였습니다.

그리스도는 오늘도 믿음의 길을 걸어가는 그리스도인들에게 고난을 이해하는 것을 가르치십니다.

고난에 대한 첫째 이해는, 이 세상에서 쉼 없이 고난이 나타날 수 있다는 것입니다. 또 하나는 이 세상에 나타나는 고난이 어떤 것이라 할지라도 그것은 그리스도인을 그리스도의 사랑에서 끊을 수 없다는 것입니다.

우리 주 예수 그리스도가 시키는 훈련을 잘 받는 자가
하나님의 마음에 맞는 사람, 하나님이 보기에 좋은 사람,
하나님이 기쁘게 쓰는 사람이 되었습니다.
그가 인류역사를 창조했고, 인류역사에 빛을 발했으며,
인류역사에 빛을 남겼습니다.
그리하며 하나님 앞에 영광을 사람들에게 평화인 사람이
되었습니다. 곧 생흥신행(生興勝幸) 인생이 되었습니다.

## 3. 제자들을 찾아오신 그리스도

제자들은 바다에서 바람과 물결에 시달리고 있었습니다.
그리스도는 벳세다 주변 산에서 기도하고 계셨습니다.
그리스도는 제자들이 당하는 고난을 다 알고 계셨습니다.
바울이 태풍 유라굴로를 만났을 때에도 그리스도는 아시고 그 사정과 앞으로 될 일을 알려주셨습니다(행 27:14-26)
그리스도는 초대 일곱 교회를 향하여 "내가 네 행위와 수고와 인내를 알고"(계 2:2) 계시다고 하셨습니다.

그리스도는 가룟 유다가 자신을 팔 것까지도 알고 계셨습니다.(마 26:24-25)

선한 목자 되신 그리스도는 양떼인 우리를 알고 계십니다.

우리의 머리털까지 다 세신바 되었습니다(눅12:7)

우리의 사정과 실정과 처지와 형편을 다 알고 계십니다.

우리의 환경과 현실과 현세와 대세를 다 알고 계십니다.

자세히, 세밀히, 깊숙이, 속속들이, 다 알고 계십니다.

그리스도는 고난당하는 제자들을 찾아오셨습니다. 제자들이 파도와 싸우며 고난당하는 시간은 밤 사경, 즉 새벽 3시에서 6시 사이입니다. 제자들이 날이 샐 때까지 파도와 싸워도 헤어나지 못하자 그리스도가 그 파도를 타고 다가오셨습니다. 이것이 우리 주 예수 그리스도의 본 모습입니다.

그리스도는 흙으로 빚어진 인간이 아닙니다. 성령으로 나신 하나님이십니다. 인간의 모습을 입으셨지만 피조물이 아니라 창조주이십니다. 파도가 삼킬 수 없는 존재이십니다. 온 천하 만물이 경배하고 찬양할 분이십니다. 바람과 물결이 제자들에게는 위협이 되었으나 그리스도는 그것을 발로 밟으셨습니다.

그리스도는 고난당하는 제자들을 안심시키셨습니다. 제자들은 다가오는 그리스도를 유령인 줄 알고 무서워했습니다. 그리스도인은 하나님의 역사를 바로 볼 줄 아는 영적 안목이 있어야 합니다. 곧 영안이 있어야합니다. 영안이 어두우면 그리스도를 유령으로 보고 무서워합니다.

사람들이 그리스도를 믿지 않는 것도 영안이 없기 때문입니다. 그리스도를 바로 보지 못하기 때문입니다. 그리스도만이 인류의 하나님이요 구주이신데도 유령으로 보고 믿지 않고 두려워하고 무서워했습니다. 그리스도를 바로 보아야 그리스도의 은혜를 누릴 수 있습니다. 그리스도는 어제나 오늘이나 그리스도인들의 마음과 환경에서 두려움을 제거하고 평안을 주십니다.

그리스도인은 그리스도의 말씀을 따라야 합니다. 오늘도 그리스도는 고난당하는 그리스도인들의 그 고난의 파도를 타고 오셔서 말씀으로 안심시켜 주십니다. 그것은 우리 주 예수 그리스도의 주된 사역입니다. 이를 위해 그리스도는 일하십니다. 이를 모르고 두려움 속에 살아서는 안 되겠습니다.

> "사람이 감당할 시험밖에는 너희에게 당한 것이 없나니 오직 하나님은 미쁘사 너희가 감당치 못할 시험 당함을 허락지 아니하시고 시험당할 즈음에 또한 피할 길을 내사 너희로 능히 감당하게 하시느니라."(고 10:13)

사람이 감당할 시험 밖에 없습니다. 하나님은 미쁘셔서 감당 못할 시험을 허락하지 않으십니다. 시험당할 즈음에 피할 길을 열어주십니다. 능히 감당하게 해 주십니다.

> "너희는 마음에 근심하지 말라 하나님을 믿으니 또 나를 믿으라 내 아버지 집에 거할 곳이 많도다 그렇지 않으면 너희에게 일렀으리라 내가 너희를 위하여 처소를 예비하러 가노니 가서 너희를 위하여 처소를 예비하면 내가 다시 와서 너희를 내게로 영접하여 나 있는 곳에 너희도 있게 하리라"(요 14:1–3)

우리 주 예수 그리스도를 믿으시기 바랍니다.

# 예수로 죽고 예수로 살고

(롬 6:1-11)

"이와 같이 너희도 너희 자신을 죄에 대하여는 죽은 자요 그리스도 예수 안에서 하나님께 대하여는 살아 있는 자로 여길지어다."(롬 6:11)

첫째 아담 한 사람으로 말미암아 죄가 세상에 들어오고, 사망이 들어왔습니다. 첫째 아담 한 사람의 죄로 말미암아 많은 사람이 죽은 것 같이 마지막 아담이신 우리 주 예수 그리스도의 사랑과 공의의 십자가로 말미암아 많은 사람들이 살았습니다. 아담 한 사람이 순종하지 아니하므로 많은 사람이 죄인이 된 것 같이 마지막 아담이신 우리 주 예수 그리스도의 순종으로 말미암아 많은 사람이 의인이 되었습니다.

예수를 믿는 그리스도인은,

그의 십자가에 못 박혀 죽으심과 합하여 세례를 받았습니다.

그와 함께 죽었고, 그와 함께 부활했습니다.

옛 사람이 죽고 새 사람이 살았습니다.

죄인이 죽고 의인이 살았습니다.

마귀의 사람이 죽고 예수의 사람이 살았습니다.

그러므로 다시는 마귀와 죄의 종노릇을 하지 말 것입니다.

주님의 죽으심은 죄에 대하여 단 번에 죽으심이요 그가 살아 계심은 하나님에게 대하여 살아계심이니 이와 같이 우리 그리스도인은 죄에 대하여는 죽은 자요 그리스도 예수 안에서 하나님에게 대하여는 살아있는 자로 여길 것입니다.

지구촌 안에는 천층만층 구만 층의 사람들이 살고 있습니다. 천차만별(千差萬別)의 인간이 살고 있습니다. 그러나 세례를 받은 사람과 세례를 받지 못한 사람으로 구분할 수 있습니다. 우리는 어떤 사람입니까? 세례를 받은 사람입니까, 받지 못한 사람입니까?

세례를 꼭 받아야 합니까?

"믿고 세례를 받은 사람은 구원을 얻을 것이요 믿지 않는 사람은 정죄를 받으리라."(막 16:16)

믿고 세례를 받으면 속죄함 받고 천국에 들어가고, 믿지 않고 세례를 받지 않으면 속죄함 받지 못하고 영원히 불이 꺼지지 않는 지옥에 떨어집니다. 그러므로 지구촌 안에 있는 사람을 천국에 가는 사람과 지옥에 떨어지는 사람으로 구분할 수 있습니다. 꼭 믿음으로 세례를 받아야 합니다.

"예수께서 나아와 말씀하여 이르시되 하늘과 땅의 모든 권세를 내게 주셨으니 그러므로 너희는 가서 모든 민족을 제자로 삼아 아버지와 아들과 성령의 이름으로 세례를 베풀고 내가 너희에게 분부한 모든 것을 가르쳐 지키게 하라 볼지어다 내가 세상 끝 날까지 너희와 항상 함께 있으리라."(마 28:18-20)

우리 주 예수 그리스도는 하늘과 땅에 있는 모든 권세를 가지신 분이십니다. 하늘의 있는 천군천사들을 포함하여 땅에 있는 자들과 땅 아래 있는 모든 자들의 주가 되십니다.(빌 2:9-11) 하나님은 주의 이름이 모든 이름 위에 뛰어나게 하셨고, 모든 것이 그 이름 앞에 무릎을 꿇게 하셨으며 그를 주(主)라 시인하게 하셨습니다.

그는 분부하셨습니다. "너희는 가서 모든 민족을 제자로 삼아 아버지와 아들과 성령의 이름으로 세례를 베풀고 내가 너희에게 분부한 모든 것을 가르쳐 지키게 하라.”

“가라, 삼아라, 베풀라, 지키라.”

주를 알지 못하는 사람들에게 가라고 하셨습니다.

그들을 우리 주 예수 그리스도의 제자로 삼으라고 하셨습니다.

삼위 하나님의 이름으로 세례를 베풀라고 하셨습니다.

주의 분부하신 모든 것을 지키라고 하셨습니다.

이것이 그리스도인들의 사명입니다.

주님께서 그리스도인들에 약속하셨습니다. “내가 세상 끝 날까지 너희와 항상 함께 있으리라.” 그러므로 세상을 무서워하지 말고 두려워하지 맙시다. 우리 주 예수 그리스도를 믿고 소망하며 사랑합시다.


두 가지의 세례가 있습니다. 성령께서 주시는 성령세례와 성령세례를 받은 사람에게 우리 주 예수 그리스도의 사자인 목사가 삼위 하나님의 이름으로 물로 주는 물세례입니다.

구원과 관계된 세례는 성령세례입니다. 성령세례를 받지 못한 사람은 구원을 받을 수 없습니다. 그러므로 성령세례를 받은 사람에게 물세례를 주기 때문에 물세례를 주기 전에 성령세례를 받았는가를 시험해 보고 성령세례를 받았으면 물세례를 주는 것입니다.

성령세례를 받지 않은 사람은 하나님과 성경과 교회를 믿지 않고 천국과 지옥도 믿지 않습니다. 그리고 사도신경대로 믿지 않습니다. 삼위 하나님, 교회, 영생을 믿지 않습니다. 그러므로 목사가 시험해보는 것입니다.

삼위 하나님, 교회, 영생에 대하여 묻는 것입니다. 믿는다고 그 믿음을 고백하면 성령세례를 받은 것입니다. 성령세례를 받으면 하나님의 자녀가 되고, 천국 시민이 되는 것입니다. 그리고 예수와 함께 죽고 예수와 함께 산 것입니다.


세례가 무엇입니까?

우리 주 예수 그리스도와 연합하는 것입니다.

그리스도 예수와 합하여 세례를 받은 우리는 그의 죽으심과 합하여 세례를 받았습니다(3)

그와 함께 장사되었고, 그와 함께 살리심을 받았습니다(4)

그의 죽으심과 연합한 자가 되었고, 그의 부활과 연합한 자가 되었습니다(5)

우리의 옛 사람이 예수와 함께 십자가에 못 박힌 것은 죄의 몸이 멸하여 다시는 죄에게 종노릇하지 않게 함입니다(6)

이는 죽은 자가 죄에서 벗어나 의롭다 함을 얻었습니다(7)

그리스도와 함께 죽었으면 그리스도와 함께 삽니다(8)

그가 죽은 자 가운데서 살아나셨으니 다시 죽지 아니하시고 사망이 다시 그를 주장하지 못합니다(9)

그가 죽으심은 죄에 대하여 단번에 죽으심이요 그가 살아나심은 하나님에게 대하여 살아계십니다(10)

우리도 죄에 대하여는 죽은 자요 하나님께 대하여는 그리스도 예수 안에서 산 자입니다(11)


이처럼 우리 주 예수 그리스도를 믿는 그리스도인은 주와 함께 죽은 자요 주와 함께 산 자입니다. 세례란 우리 주 예수 그리스도의 죽음과 부활과의 연합니다.

"영접하는 자 곧 그 이름을 믿는 자들에게는 하나님의 자녀가 되는 권
세를 주셨으니 이는 혈통으로나 육정으로나 사람의 뜻으로 나지 아니하
고 오직 하나님께로부터 난 자들이니라"(요1:12-13)

사람의 자녀는 부정모혈로 낳습니다. 그러나 하나님의 자녀는 하
나님의 뜻으로 낳습니다. 곧 성령으로 낳습니다. 성령으로 믿음을
주시고 믿으면 하나님의 자녀가 되는 권세를 주십니다.


하나님의 뜻으로 난 자들 곧 성령으로 난 자들은?
옛 사람은 죽고 새 사람이 살았습니다.
죄의 사람은 죽고 의의 사람은 살았습니다.
육신의 사람은 죽고 신령한 사람은 살았습니다.
마귀의 사람은 죽고 하나님의 사람은 살았습니다.
성령세례를 받은 그리스도인을 성도라고 합니다. 성도(聖徒), 곧 구
별된 사람입니다. 성도는 새 사람이요, 의의 사람이요, 성령의 사람
이요, 신령한 사람이요, 하나님의 사람이요, 천국의 시민입니다. 성
도는 예수 생명과 능력, 자유와 평화, 기쁨과 안식, 평강과 승리, 위
로와 부요, 사랑과 은혜, 구원과 영생을 누릴 자들입니다.
세례를 받은 사람은 예수와 함께 죽고 예수와 함께 산 자요, 예수
와 함께 죽으며 예수와 함께 사는 자요, 예수와 함께 죽을 자요 예수
와 함께 살 자입니다. 곧 내가 예수 안에 예수가 내 안에 있는 자입
니다. 예수와 성도는 일체(一體)입니다.
－천국 가는 길은 좁고, 좁고 또 좁다. 그러므로 어깨동무 하고는
못 들어간다. 예수님보다 앞서면 교만하기 쉽고, 예수님보다 뒤서
면 뒤떨어지기 쉽다. 그러므로 내가 예수 안에, 예수가 내 안에 있어
야 한다.

성도는 새 사람이요, 의의 사람이요, 성령의 사람이요, 신령한 사람이요, 하나님의 사람이요, 천국의 시민이 되었으니 성도답게 살아야 하지 않겠습니까? "성도면 다 성도냐, 성도라면 성도답게 살아야 성도이지!"

성도라면 적어도 주님의 사랑과 은혜는 알아야 합니다. 나 같은 죄인을 위하여, 나 같은 죄인의 죄를 담당하고, 나 같은 죄인의 죄를 대신하여 십자가에 못 박혀 죽으신 그 큰 사랑과 은혜는 알아야 합니다.

히브리 기자는 외쳤습니다. "믿음의 주요 또 온전하게 하시는 이인 예수를 바라보자."(히 12:1) 그렇습니다. 예수님만이 믿음의 주요 또 온전하게 하시는 이십니다. 곧 그만이 우리 주 예수 그리스도십니다. 바울은 모든 것을 배설물로 여기고 예수님만 따랐습니다.

> "모든 육체는 풀과 같고 그 모든 영광은 풀의 꽃과 같으니 풀은 마르고 꽃은 떨어지되 오직 주의 말씀은 세세토록 있도다 하였으니 너희에게 전한 복음이 곧 이 말씀이니라"(벧전 1:24-25)

인생은 날 때부터 죽을 병을 갖고 난 환자입니다. 인생은 죽습니다. 그러나 그 때를 모릅니다. 죽지 아니할 인생은 하나도 없습니다. 죽음을 이기는 자도 하나도 없습니다. 죽음과 타협할 자도 하나도 없습니다. 죽음을 연기할 자도 하나도 없습니다. 죽음이 찾아오면 항거하지 못하고, 무력하게 죽는 것이 무능한 인생입니다.

주님은 그 죽음을 이기셨습니다. 죽음의 권세를 깨뜨리시고 살아나셨습니다. 그러므로 예수와 함께 죽고 예수와 함께 산 성도는 예수와 함께 죽고 예수와 함께 삽니다. 자기를 부인하고 자기 십자가를 지고 우리 주 예수 그리스도를 따라가야 합니다(마 16:24)

히 11:13-16을 보면 믿음으로 산 위인들은? 다 믿음을 따라 살고 믿음을 따라 죽었습니다. 외국인과 나그네로 살았습니다. 본향을 찾는 실향민(失鄕民)으로 살았습니다.

그리스도인의 삶의 가치와 의미가 어디에 있습니까?

이 세상입니까, 저 세상입니까?

이 세상은 몇 년이며 저 세상은 몇 년입니까?

지혜롭게 삽시다. 영원을 준비합시다.


우리 주 예수 그리스도를 보십시오!

어떠한 사정과 실정과 처지와 형편 가운데서도, 어떠한 환경과 현실과 현세와 대세 가운데서도, 어떠한 환난과 핍박과 역경과 고통 속에서도, 당신의 사명을 다하셨습니다. 성육신 하셨고 십자가에 못 박혀죽기까지 하셨습니다.

우리 또한 사명을 다하는 성도가 됩시다. 나의 사명이 무엇인지 아는 자가 참으로 훌륭한 자입니다.

# 예수 부활 내 부활 1
〈고전 15:1-11〉

"내가 받은 것을 먼저 너희에게 전하였노니 이는 성경대로 그리스도께
서 우리를 위하여 죽으시고 장사 지낸바 되었다가 성경대로 사흘 만에
다시 살아나사"(고전 15:3-4)

우리 주 예수 그리스도는 성경대로 우리 죄를 위하여 십자가에 못
박혀 죽으시고 장사 지낸 바 되었다가 성경대로 사흘 만에 다시 살
아나셨습니다. 어둠의 권세, 죄악의 권세, 절망의 권세, 죽음의 권
세, 사탄의 권세, 지옥의 권세를 깨뜨리시고 살아나셨습니다.

예수 그리스도의 부활은 이 세상의 어둠과 절망과 죄악과 죽음과
사탄과 지옥의 권세를 정복하고 이 세상을 하나님의 주권과 통치하
에 두는 위대한 승리입니다. 때문에 예수 그리스도의 부활은 우리
개인뿐만 아니라 가정과 사회와 국가와 인류에게 신망애를 부어 주
고, 의의 길로 진리의 길로 평화의 길로 구원의 길과 천국의 길로 인
도해주십니다.

현실적으로 우리 환경을 볼 때, 어둠과 죄악과 절망이 소용돌이치
는 것 같지만 우리 주 예수 그리스도께서 이 모든 권세를 깨뜨리시
고 부활하셨으므로 그 부활의 생명적인 역사가 모든 존재의 바탕에
서 새로움을 창조해나갈 것입니다. 궁극적인 승리가 그리스도인들
에게 이미 기약되어 있습니다.

우리 주 예수 그리스도의 십자가에 못 박혀 죽으심은 제자들의 마

음속에 그를 믿는 믿음과 그를 바라보는 소망과 그를 사랑하는 사랑
이 파괴되어 버렸습니다. 믿음과 소망과 사랑이 다 무너졌습니다.
이러한 제자들에게 예수 그리스도의 부활은 구원에 대한 궁극적인
믿음과 소망과 사랑을 부활시켰습니다.

그리스도이신 예수는 무덤에 묻혀 있을 수 없으셨습니다. 어둠의
무덤, 죄악의 무덤, 절망의 무덤 죽음의 무덤, 지옥의 무덤에 묻혀
있을 수 없었습니다. 독생자 보다 죄인인 우리를 더 사랑하시는 하
나님, 자신보다 우리를 더 사랑하시는 우리 주 예수 그리스도는 어
둠과 죄악과 절망과 죽음과 지옥의 권세를 깨뜨리시고 부활하셨습
니다. 사랑은 죽음보다 더 강하기 때문입니다.

성인과 위인들은 죽어 한 줌의 흙이 되었지만 우리 주 예수 그리
스도는 어둠과 절망, 죄악과 죽음, 지옥의 권세를 깨뜨리시고 부활
하셨습니다. 그만이 우리 주 예수 그리스도이십니다.

예수 그 분만 그리스도이십니다. 진리는 하나입니다. 둘은 진리가
아닙니다. 1+1=2입니다. 2−1=1입니다. 2×2=4입니다. 4÷2=2
입니다. 이 진리는 변하지 않습니다. 아버지는 하나요, 어머니도 하
나요, 나도 하나요, 처녀성도 하나입니다. 하나님도 하나요, 구주도
하나입니다.

우리 주 예수 그리스도만이 우리 하나님 우리 구주이십니다. 왕이
요 제사장이요 선지자요 길이요 진리요 생명이십니다. 믿음이요 소
망이요 사랑이요 힘이요 빛이요 답이십니다. 선한 목자요 주치 의
사요 의로운 재판장이십니다. 검이요 방패요 산성이요 피난처요 요
새요 거처십니다. 그만이 우리의 신랑이요 선생이요 친구십니다.

우리 주 예수 그리스도의 부활은 하나님과 인간, 인간과 인간을

연결시켜 주셨습니다. 부활하신 우리 주 예수 그리스도께서 예수를 그리스도로 믿는 그리스도인 속에 들어오셔서 믿음과 소망과 사랑을 부어주셨습니다. 하나님과의 관계도 신망애 하고, 사람과의 관계도 신망애 하도록 은혜를 부어주셨습니다. 신망애의 사람, 신망애의 가정, 신망애의 교회, 신망애의 이웃이 되도록 신망애의 은혜를 부어주셨습니다.

하나님을 믿고 하나님을 바라보고 하나님을 사랑하도록 신망애의 은혜를 부어주셨습니다. 하나님이 믿고 하나님이 바라보고 하나님이 사랑하도록 신망애의 은혜를 주어주셨습니다. 옛 사람은 죽고 새 사람은 살며, 마귀의 사람은 죽고 예수의 사람은 사는 부활의 은혜를 부어주셨습니다.

## 1. 누가 무덤의 돌문을 열어줄까?

> "서로 말하되 누가 우리를 위하여 무덤 문에서 돌을 굴려 주리요 하더니"(막 16:3)

하나님의 독생자 예수 그리스도는 죄인의 죄를 담당하고, 죄인의 죄를 대신하여 십자가에 못 박혀 죽으셨습니다. 제자들은 두렵고 무서워 다 숨어버렸습니다. 그러나 아리마대 요셉은 우리 주 예수 그리스도의 시체를 자기 무덤에 장사했습니다. 어려울 때 친구라야 진짜 친구입니다.

우리는 우리 주 예수 그리스도의 진짜 친구가 됩시다.

장사한 지 사흘 되던 새벽이었습니다. 우리 주 예수 그리스도를 제일 좋아하고 사랑하는 막달라 마리아와 야고보와 요한의 어머니

마리아와 살로메 등이 주님의 시체에 바를 향을 준비하여 새벽미명에 주님의 무덤을 찾아갔습니다. 사랑은 죽음도 두려워하지 않습니다. 환난도 핍박도 두려워하지 않습니다.

사랑은 자기를 위하지 않습니다. 사랑은 사랑을 사랑합니다. 사랑은 언제나 진실합니다. 환난과 핍박 중에도 진실합니다. 환경과 현실과 현세와 대세의 지배를 받지 않습니다. 사정과 실정과 처지와 형편의 지배를 받지 않습니다. 사랑은 사랑의 지배를 받습니다.

사랑은 항상 진실합니다. 목에 칼이 들어와도 진실합니다. 거짓은 사랑이 아닙니다. 사랑은 언제나 동일합니다. 어제나 오늘이나 영원토록 동일합니다. 두 마음, 두 얼굴, 두 입술은 사랑이 아닙니다. 사랑은 언제나 한 마음 한 얼굴 한 입술입니다. 목에 칼이 들어와도 동일합니다. 변질은 사랑이 아닙니다.

우리 주 예수 그리스도를 사랑하는 그녀들은 "누가 우리를 위하여 무덤의 돌문을 열어줄까?"(막 16:3)라고 고민했습니다. 그녀들의 마음은 주님뿐이었습니다. 주님의 무덤의 문은 로마 군인들이 지키고 있었고, 그 돌문은 연약한 여인들로서는 도저히 움직일 수 없는 무거운 돌문이었습니다.

그 여인들이 주님의 무덤에 갔을 때, 그 돌문은 이미 활짝 열려 있었습니다. 무덤은 빈 무덤이었고, 그 무덤 속에 흰 옷을 입은 천사의 밝은 음성이 들려왔습니다.

"놀라지 말라. 너희가 십자가에 못 박히신 나사렛 예수를 찾는구나. 그가 살아나셨고 여기 계시지 아니하니라. 보라 그를 두었던 곳이니라. 너희보다 먼저 갈릴리로 가시나니 너희가 거기서 뵈오리라"(막 16:7)

사람들은 생명을 죽음으로 삼켜버린 허무와 절망의 문에서 "누가 우리를 위하여 죽음의 문을 열어줄까?" 라고 한탄하며 슬퍼합니다.

첫째 아담의 인간 행렬은 이 무덤을 향하여 가는 나그네 행렬입니다. 생각하며 슬픈 존재들이며 불쌍한 존재들입니다. 알고 보면 성공한 자나 실패한 자나, 가진 자나 못 가진 자나, 배운 자나 못 배운 자나, 모두 죽음의 무덤일 뿐입니다.

죽음의 무덤은 인간의 모든 것을 삼켜 버립니다. 인간의 모든 인력을 삼켜버립니다. 재력과 권력과 지력과 명력과 미력 모두 삼켜버립니다.

실오라기 하나 남기지 않고 다 삼켜버립니다. 창세 이후 인류역사에 이 죽음의 무덤을 열고 살아난 자는 하나도 없습니다.

죽음의 문은 인간의 최대의 절망이며 최대의 어두움입니다. 참으로 인간은 무력하고 무능합니다. 그 누구도 이 절망의 문, 이 어두움의 문, 이 죽음의 문을 열고 살아난 자가 하나도 없었습니다.

> "하나님이 세상을 이처럼 사랑하사 독생자를 주셨으니 이는 그를 믿는 자마다 멸망하지 않고 영생을 얻게 하려 하심이라."(요 3:16)

도대체 이 절망의 문, 이 어두움의 문, 이 죽음의 문, 이 지옥의 문을 열자가 누굽니까? 권력가입니까? 재력가입니까? 지력가입니까? 아니면 위인입니까? 성인입니까? 이들은 모두 한 줌의 흙이 되었습니다. 인간은 그 누구라도 흙에서 왔으므로 흙으로 돌아갑니다. 그 누구도 흙으로 돌아가지 아니할 자는 하나도 없습니다. 인간은 이 절망과 어둠과 죽음과 지옥의 문을 열지 못하고 그 무덤 속에 영영히 매장되어야 합니까?

성경은 말씀합니다. 우리 주 예수 그리스도는 "성경대로 우리를 위하여 죽으시고, 성경대로 장사 지낸 바 되었다가, 성경대로 사흘 만에 다시 살아나셨다"고 말씀합니다. 하나님의 독생자 예수 그리스도는 절망과 어둠의 근원인 죄 값을 죽음으로 치루시고 절망의 권세, 어둠의 권세, 죽음의 권세 지옥의 권세를 깨뜨리시고 부활하셨습니다.

그러므로 예수를 그리스도로 영접하고 믿는 그리스도인들에게는 무덤 문이 열렸습니다. 절망의 문이 희망의 문으로 어둠의 문이 광명의 문으로 죽음의 문이 생명의 문으로 지옥의 문이 천국의 문으로 열렸습니다.

예수가 그리스도십니다. 메시야 곧 기름부음을 받은 자입니다. 우리이 왕이요 제사장이요 선지자십니다. 우리의 길이요 진리요 생명이요 힘이요 빛이요 답이십니다. 믿음이요 소망이요 사랑이십니다.

사랑은 죽음보다 강합니다. 우리 주 예수 그리스도의 사랑은 절망과 어둠과 죽음과 지옥의 문을 열고 살아나셨습니다. 하나님은 우리를 이처럼 사랑하십니다. 나는 천하보다 더 존귀한 존재이며, 하나님의 독생자 예수 그리스도보다 더 존귀한 존재입니다. 그러므로 하나님은 우리를 위하여 그를 십자가에 못 박아 죽이고 사흘 만에 다시 살아나게 하셨습니다.

> "사랑하는 자들아 하나님이 이같이 우리를 사랑하셨은즉 우리도 서로 사랑하는 것이 마땅하도다."(요일 4:11)

독생자를 세상에 보내주시고 그를 십자가를 못 박아 죽이신 하나님의 망극하신 사랑을 받아들이지 아니하는 사람은 하나님의 진정한 사랑이나 동일한 사랑이나 영원한 사랑을 논할 가치가 없습니다.

하늘의 영광의 보좌에서 비하하셔서 죄인을 구원하기 위하여 몸 버려 피 흘려주신 우리 주 예수 그리스도의 그 큰 사랑을 받아들이지 아니하면서 그리스도의 십자가의 사랑 이야기를 하지 마십시오! 이 거룩하고 숭고한 십자가의 사랑을 받아들이지 못하고, 알지 못하며, 삶에 옮기지 못하면서 어찌 그 고귀하고 숭고한 하나님의 사랑 이야기를 할 수 있겠습니까?

말과 혀로만 사랑한다고 말하지 마십시오. 가증합니다. 행함과 진실함으로 사랑합시다. 우리 주 예수 그리스도의 고귀하고 숭고한 사랑을 믿음과 소망과 사랑으로 받아들입시다. 그 사랑을 주님과 교회, 가족과 이웃이 나누며 함께합시다. 사랑을 사랑으로 나누며 누립시다.

음식물을 취하는 것 귀중하나 배설하는 것도 그 못지않게 귀중합니다. 십자가의 사랑을 받았으면 그 사랑을 나누며, 함께 하는 것은 생명만큼 귀중합니다. 사랑은 사랑을 사랑합니다. 우리 서로 사랑하며 삽시다.

# 예수 부활 내 부활 2
〈고전 15:1-11〉

주님은 우리를 구원해주시려고 우리의 죄를 담당하시고, 우리의 죄를 대신하여 사랑과 공의의 십자가에 못 박혀 죽으셨습니다. 그리고 장사한지 사흘 만에 마귀의 권세, 죄악의 권세, 어둠의 권세 죽음의 권세 지옥의 권세를 깨뜨리시고 다시 살아나셨습니다. 그러므로 예수 죽음이 우리 죽음이요, 예수 부활이 우리 부활입니다.

"누가 우리를 위하여 무덤의 돌문을 열어줄까?"(막16:3)

누가 우리를 위하여 죽음의 문을 열어줄까? 인력이 열어줄까? 성인들이 열어줄까? 위인들이 열어줄까? 그 누구도 죽음의 문을 열어주지 못합니다. 의인은 없나니 하나도 없기 때문입니다.

죽음의 문, 어둠의 문, 절망의 문, 죄악의 문, 마귀의 문, 지옥의 문을 깨뜨리고 문을 열고, 나올 자는 우리 주 예수 그리스도 밖에 없습니다. 우리는 죄와 허물로 죽은 자들입니다. 주는 창조주, 구속주, 심판주이십니다.

예수는 자기 백성을 저희 죄에서 구원할 자십니다. 그리스도는 메시야 곧 기름부음 받은 자입니다. 곧 우리의 왕이요 제사자이요 선지자십니다. 우리의 길이요 진리요 생명이요 힘이요 빛이요 답이십니다.

그러므로 무덤의 문 곧 죽음의 문, 어둠의 문, 절망의 문, 죄악의 문, 마귀의 문, 지옥의 문을 깨뜨리고 그 문을 열고나올 자는 우리 주 예수 그리스도십니다.

예수를 그리스도로 영접하고 믿는 그리스도인들은 무덤 문이 열렸습니다. 절망의 문이 희망의 문으로, 어둠의 문이 광명의 문으로, 죽음의 문이 생명의 문으로, 지옥의 문이 천국의 문으로 열렸습니다.

## 2. 죽은 자는 불쌍한 자

인간의 슬픔과 눈물, 허무와 절망은 죽음에 있습니다. 죽은 자는 불쌍한 자입니다. 괴테는 말하기를, "이 세상에서 부활의 소망이 없는 자는 화려한 나그네요 불쌍한 자이다."라고 했습니다.

인간은 천차만별입니다. 그러나 우리 주 예수 그리스도의 심판대 앞에서는 산자와 죽은 자로 나누일 것입니다. 가진 것과 못 가진 것은 묻지도 따지지도 않을 것입니다. "산 자냐, 죽은 자냐?" 이것만 묻고 따질 것입니다.

그러면 누가 산 자이며, 누가 죽은 자입니까? 죽음의 문을 얼고 부활한 자는 산 자이며, 죽음의 문을 열지 못하고 죽음의 문에 갇혀 있는 자는 죽은 자입니다. 곧 절망과 어둠과 죄악과 사탄의 지옥의 문을 열지 못하고 죽음의 문에 갇혀 있는 자는 죽은 자이고, 절망과 어둠과 죄악과 사탄과 지옥의 문을 열고 그리스도의 광명한데로 나온 자가 산 자입니다.

욕망과 아집의 무덤에 갇혀 있고 시기와 질투의 무덤에 갇혀 있으며 미움과 증오의 무덤에 갇혀 있는 사람은 죽은 자이고, 욕망과 아집의 무덤과 시기와 질투의 무덤에서 미움과 증오의 무덤에서 그리스도에게로 나온 자가 산 자입니다.

어떻게 절망과 어둠과 죄악과 사탄과 지옥과 죽음의 무덤에서 부활할 수 있고, 헛된 욕망과 헛된 아집을 위하여 시기와 질투, 미움과 증오의 무덤에서 부활할 수 있습니까?

"아담 안에서 모든 사람이 죽은 것 같이 그리스도 안에서 모든 사람이 삶을 얻으리라."(고전 15:22)

아담 안에서 우리는 죽은 자였으나 마지막 아담이신 그리스도 안에서 우리는 산자입니다.

"그러나 이제 그리스도께서 죽은 자 가운데서 다시 살아나사 잠자는 자들의 첫 열매가 되셨도다."(고전 15:20)

마지막 아담이신 그리스도께서 부활의 첫 열매가 되셨으니 그를 영접하여 하나님의 자녀가 된 우리(요12:12-13) 또한 부활의 열매를 맺습니다. 하나님의 자녀는 영접한 자 곧 그 이름을 믿는 자가 됩니다. 혈통으로나 육정으로나 사람의 뜻으로 나지 않습니다. 그러므로 예수를 그리스도로 믿으면 산 자가 됩니다.

예수를 그리스도로 믿으면 아멘 하십시오?

내가 하나님의 자녀가 된 것을 믿으면 아멘 하십시오?

예수님과 내가 하나가 된 것을 믿으면 아멘 하십시오?

예수님의 죽음이 나의 죽음이요

예수님의 부활이 나의 부활임을 믿으면 아멘 하십시오?

예수님을 그리스도로 믿으면 죽어도 살고 살아서 믿으면

영원히 죽지 않고 영생한다는 것을 믿으면 아멘 하십시오?

절망과 어둠의 무덤, 죄악과 죽음의 무덤 문을 열고 나오십시오.

헛된 욕망과 아집의 무덤, 시기와 질투의 무덤, 미움과 증오의 무덤 문을 열고 나오십시오.

그리스도 예수의 이름으로 나오십시오.

그리스도인은 죽은 자가 아니라 산 자입니다. 믿음으로 산 자입니다. 은혜로 산 자입니다. 십자가의 사랑과 공의로 산 자입니다.

> "그런즉 누구든지 그리스도 안에 있으면 새로운 피조물이라 이전 것은 지나갔으니 보라 새것이 되었도다"(고후 5:17)

## 3. 산 자의 주인은 예수 그리스도

> "우리 중에 누구든지 자기를 위하여 사는 자가 없고 자기를 위하여 죽는 자도 없도다 우리가 살아도 주를 위하여 살고 죽어도 주를 위하여 죽나니 그러므로 사나 죽으나 우리가 주의 것이로다 이를 위하여 그리스도께서 죽었다가 다시 살아나셨으니 곧 죽은 자와 산 자의 주가 되려 하심이라"(롬 14:7-9)

산자의 주인은 우리 주 예수 그리스도이십니다. 그리스도 안에서 산 자는 내가 사는 것이 아니요 내 안에 그리스도가 사시는 것입니다. 그리스도로 산자는 그리스도가 주인입니다. 그리스도가 십자가의 피로 사셨습니다.

그리스도 안에서 산 자는 자기를 위하여 사는 자도 없고, 자기를 위하여 죽는 자도 없습니다. 그리스도 안에서 산 자는 살아도 주를 위하여 살고, 죽어도 주를 위하여 죽습니다. 그리스도 안에서 산 자는 사나 죽으나 주의 것입니다.

그리스도 안에서 산 자는 그 삶의 대상 그리스도입니다. 그리스도가 먼저요 첫째요 제일입니다. 그리스도가 중심이요 기준이요 위주입니다.

그리스도가 목적이요 방법이요 결과입니다. 그리스도 안에서 산 자는 그리스도를 알고, 그리스도를 사랑하고 그리스도로 삽니다. 그리스도를 신망애 합니다.

산 자와 죽은 자는 가는 길이 다르고 먹는 양식이 다릅니다.

산 자와 죽은 자는 마음이 다르고 얼굴이 다르며, 입술이 다르며 삶이 다릅니다.

산 자는 한 마음과 한 얼굴과 한 입술과 한 삶입니다. 죽은 자는 두 마음과 두 얼굴과 두 입술과 두 삶입니다.

산 자는 지혜롭고, 죽은 자는 미련합니다.

산 자는 말씀이 들립니다. 죽은 자는 말씀이 들리지 않습니다.

산 자는 말씀이 깨달아집니다. 죽은 자는 말씀이 깨달아지지 않습니다. 말씀을 알아듣지도 못하고 깨닫지도 못합니다.

어둠의 무덤 문을 열고, 광명한 곳으로 나오시기 바랍니다.

산 자는 오직 예수요 죽은 자는 오직 물질입니다.


이상재 선생을 뵈러 간 일본의 신문 기자가 "선생님, 이 돈으로 시골에서 편히 사시지요!"라고 했습니다. "나는 돈으로 사는 것이 아니라 하나님의 말씀으로 산다." 라고 대답하셨습니다.

신문 기자가 "인도의 간디는 100세를 산다고 했는데 선생님은 몇 살이나 사시겠습니까?" "이 사람아! 사람이 한 번 났으면 영원히 살지. 죽긴 왜 죽는가."라고 되물으셨습니다.

신문 기자가 "진시황은 불사약을 구했으나 결국 죽었는데 무슨 불사약이라도 잡수셨나요?" "나는 먹었지. 너희 천황이 먹지 못한 것을 나는 먹었지. 나는 영생불사약을 먹었지. 그러므로 나는 죽지 않을 것이며 일본이 망하고 군국주의자들이 죽는 것을 볼 것일세."라고 말씀하셨습니다.

　신문 기자가 "그것이 무엇입니까?" 그는 옆에 있는 성경을 가리키며 "우리 주 예수 그리스도의 말씀이다. 나는 이 말씀으로 산다."라고 대답했습니다.

　그렇습니다. 그리스도 안에서 산 그리스도인은 전에도 예수로 살아왔고, 지금도 예수로 살고 있으며, 앞으로도 예수로 살아갑니다. 전에도 예수의 은혜로 살아왔고, 지금도 예수의 은혜로 살고 있으며, 앞으로도 예수의 은혜로 살아갑니다. 우리는 하늘에도 주님 밖에 없고, 땅에도 주님 밖에 없습니다. 주님이 없으면 우리는 없습니다. 주님이 우리의 전부입니다.

# 째날
# 안식 후 첫날 1
(눅 24:1-12)

우리 주 예수 그리스도는 십자가에 못 박혀 죽으셨고, 아리마대 요셉의 새 무덤에 묻히셨습니다. 그는 장사한지 사흘 만에 마귀의 권세, 어둠의 권세, 세상의 권세, 죄악의 권세, 죽음의 권세, 지옥의 권세를 깨뜨리시고 부활하셨습니다. 우리 주 예수 그리스도는 우리의 죄 때문에 내어줌이 되셨고, 우리를 의롭다 하심을 위하여 살아나셨습니다. 우리 주 예수 그리스도의 부활은 하나님의 최대의 신비요 인류역사에 최대의 창조적 사건입니다.

봄이 오면 잎이 피고 겨울이 오면 잎이 떨어지는 반복적 자연의 회생을 부활이라고 말하지 않습니다.

"누구든지 그리스도 안에 있으면 새로운 피조물이라. 이전 것은 지나갔으니 보라 새 것이 되었도다"(고후 5:17)

부활은 이처럼 새로운 생명의 세계요 새로운 존재며 새로운 창조입니다.

부활을 믿습니까? 부활을 믿는 자에게 새 생명, 새 존재, 새 창조의 역사가 이루어집니다. 우리 주 예수 그리스도의 부활은 예수를 그리스도로 믿는 그리스도인들의 삶의 목적이요 방법이요 결과입니다. 그리스도의 부활은 그리스도인들의 그리스도 신앙의 중심이요 기준이며 위주입니다. 그리스도인의 믿음이요 소망이요 사랑입니다.

예수 그리스도는 부활하셨습니다. 죄악과 어둠과 죽음과 마귀와 죽음과 지옥의 권세를 깨뜨리시고 부활하셨습니다. 하나님의 주권과 언약과 은혜로 부활하셨습니다. "안식 후 첫날에" 부활하셨습니다. 안식 후 첫날은 신령한 의미가 있습니다.

## 1. 안식 후 첫날, 새 역사를 창조하신 날

첫째 아담의 첫날이 안식 후 첫날이요 마지막 아담이신 예수 그리스도가 부활하신 날이 안식 후 첫날입니다. 안식 후 첫날은 새로운 역사 창조의 시작을 의미합니다.

첫째 아담 이후의 사람들은 죽음이 종착입니다. 첫째 아담의 인간 행렬은 무덤을 향해 나아가는 숙명의 나그네들입니다. 아무도 이 무덤을 피해갈 수 없습니다. 연기할 수도, 타협할 수도, 이길 수도, 없습니다. 모든 인간은 죽음 앞에 굴복합니다.

무덤은 인간의 모든 것을 삼켜버립니다. 인간의 모든 힘인 인력을 삼켜 버립니다. 천하보다 더 귀한 생명까지 삼켜 버립니다. 무덤은 인간의 죽음으로 절망이요 어두움입니다.

하나님의 독생자이신 우리 주 예수 그리스도는 이 무덤을 열고 부활하셨습니다. 죽음의 마귀의 권세를 깨뜨리시고 무덤에서 부활하셨습니다. 절망과 어둠과 세상의 권세를 깨뜨리시고 부활하셨습니다. 지옥의 역사를 깨뜨리시고 새로운 역사를 시작하셨습니다.

첫째 아담은 불순종으로 그 후손들에게 무덤을 주었고, 마지막 아담이신 예수 그리스도는 순종하심으로 죄인의 죄를 담당하고 죄인의 죄를 대신하여 사랑과 공의의 십자가에 못 박혀 죽으셨습니다. 사랑은 죽음보다 강하여 공의의 죽음의 무덤 문을 열고, 살아나셨습니다.

그러므로 그리스도 예수 안에 절망이 없고 어둠이 없으며, 죽음이 없고 지옥이 없으며 예수의 생명과 능력, 사랑과 은혜, 긍휼과 인자, 자유와 평화, 기쁨과 안식, 평강과 승리, 위로와 부요, 구원과 영생이 있습니다. 우리 주 예수 그리스도의 부활의 은총입니다.

## 2. 안식 후 첫, 은혜의 날

"빛이 있으라 하시매 빛이 있었고 저녁이 되며 아침이 되니 이는 첫째 날이니라.… 하나님 보시기에 좋았더라." 이렇게 여섯째 날까지 말씀하셨습니다. 그런데 안식일(安息日)만은 "저녁이 되며 아침이 되니"란 말씀이 없습니다.

왜 입니까? 안식일은 해가 지고 뜨는 하루가 아니라 하나님과 함께 사는 날이기 때문입니다. 안식일은 요일(曜日) 따라 사는 날이 아니라 여호와 하나님을 따라 사는 날입니다. 안식일은 요일 따라 사는데서 오는 것이 아니라 여호와 하나님을 따라 사는데서 옵니다. 안식일은 하나님과 함께 먹고 마시는 날입니다.

출 12:2을 보면 "너희가 애급에서 나온 달을 첫 달로 계산하라"고 말씀했습니다. 애급 왕 바로 밑에서 살던 때는 다 끝났다는 뜻입니다. 이제부터는 이스라엘의 왕 여호와 하나님의 은혜로 살게 됐다는 것입니다. 안식일은 하나님의 은혜로 사는 것을 기념하는 날입니다.

우리 주 예수 그리스도의 부활도 안식 후 첫날입니다. 우리도 이

날부터 모든 것을 계산하고 출발해야 합니다. 이전 것은 다 지나갔습니다. 보라 새것이 되었습니다. 출애굽이 이스라엘 백성들의 은혜요, 예수 그리스도의 부활이 그리스도인들의 은혜입니다. 은혜란 선물을 말합니다.

실로 그리스도인들은 하나님의 은혜로 살아 왔고, 그 은혜로 살고 있으며, 살아가고 있습니다. 그리스도인들은 하늘에도 하나님 밖에 없고, 땅에도 하나님 밖에 없습니다. 하나님이 없으면 그리스도인은 없습니다. 가정도 교회도 국가도 없습니다.

그리스도인들은 성도(聖徒), 곧 "거룩한 사람들"입니다. 구별된 사람들입니다. 죽고 산 사람들입니다. 예수와 함께 죽고 예수님과 함께 산 사람들입니다. 그러므로 그리스도인은 죽은 자가 아니라 산 자입니다. 그래서 그리스도는 우리에게 산 제사를 드리라고 했습니다.

이제, 우리 그리스도인은 죽은 제물을 드리는 사람이 아니라 산 제물을 드리는 사람입니다.

죄의 사람을 드리지 않고, 의의 사람을 드리는 사람입니다.

거짓된 사람을 드리지 않고, 진실한 사람을 드리는 사람입니다.

악한 사람을 드리지 않고, 선한 사람을 드리는 사람입니다.

옛 사람을 드리지 않고, 새 사람을 드리는 사람입니다.

육체의 소욕을 좇아 사는 사람을 드리지 않고, 성령의 소욕을 좇아 사는 사람을 드리는 사람입니다.

마귀의 사람을 드리지 않고, 예수의 사람을 드리는 사람입니다.

인간적인 사람을 드리지 않고, 주님적인 사람을 드리는 사람입니다.

나를 위해 사는 사람이 아니라 그리스도를 위해 사는 사람입니다. 아랫것을 바라보고 사는 사람이 아니라 위엣 것을 바라보고 사는 사람입니다. 환경과 현실과 현세와 대세를 따라 사는 사람이 아니라 말씀 곧 진리를 따라 사는 사람들입니다. 사정이나 실정이나 처지나 형편을 따라 사는 사람이 아니라 말씀 곧 진리를 따라 사는 사람들입니다.

믿음으로 산 위인들은 예수의 부활을 누리며 살았습니다. 정말 그들은 낙원의 세계에서 살았습니다. 이 세상 모든 것을 다 버리고 우리 주 예수 그리스도로 살았습니다. 바울은 세상에서 그렇게 좋은 것들을 배설물로 여겼습니다. 예수 그리스도를 아는 지혜가 제일 좋았기 때문입니다.

그래서 그는 주님 때문에 옥중생활을 하면서도 "항상 기뻐하라 쉬지 말고 기도하라 범사에 감사하라 이는 그리스도 예수 안에 있는 하나님의 뜻이니라"고 밖에 있는 교인들을 격려했습니다.

히브리 11장에 나오는 믿음의 사람들은 모두가 믿음을 따라 살다가 믿음을 따라 다 죽었다고 증언하고 있습니다. 인생은 일생입니다. 우리도 믿음 따라 살다가 믿음 따라 죽읍시다. 우리는 하늘에도 주님 밖에 없고 땅에도 주님 밖에 없습니다. 주님이 없으면 우리는 없습니다. 주님의 은혜로 살아왔고 살고 있으며 살아가고 있습니다. 우리가 사는 것이 주님의 은혜입니다.

# 안식 후 첫날 2

(눅 24:1-12

안식 후 첫날은 역사를 창조하신 날입니다.
안식 후 첫날은 사랑과 은혜의 날입니다.

## 3. 안식 후 첫날, 새 안식의 날

하나님께서 아담을 하나님의 형상대로 지으시고, 그에게 주신 최고 최상의 은혜는 안식일입니다. 하나님과 항상 사는 안식일입니다. 하나님과 함께 먹고 마시며 하나님과 함께 거닐며, 그를 섬기며, 사는 안식일입니다. 죄도 없고 오염도 없고 죽음도 없는 안식일입니다. 걱정과 근심, 괴로움과 슬픔, 외로움과 고독, 시기와 질투, 실패와 가난, 사고와 아픔, 어두움이 없는 안식일입니다.

아담은 이렇게 귀한 은혜를 주신 하나님을 버리고 마귀를 따랐습니다. 그리하여 안식일을 잃었습니다. 땅에 가시덤불과 엉겅퀴가 났습니다. 인생은 흙을 파먹고 살다가 흙으로 돌아가게 되었습니다. 한마디로 우리 인생을 망쳐 놓은 것입니다. 그러나 마지막 아담이신 우리 주 예수 그리스도께서 이 모든 사람들의 죄 짐을 담당하고 대신하여 십자가에 못 박혀 죽으시고 그 죽음과 어둠의 권세를 깨뜨리시고 부활하셨습니다.

인생의 모든 문제를 다 이루셨습니다. 인생의 모든 빚을 다 갚고 무덤 문을 열고 살아나셨습니다. 흙에서 살아나셨습니다. 그 날이 안식 후 첫날입니다. 우리 주 예수 그리스도가 인생의 대표인 첫째 아담이 잃었던 안식을 회복시키신 날입니다. "수고하고 무거운 짐 진 자들아 다 내게로 오라 내가 너희를 쉬게하리라"(마 11:28)고 주님께서 초청했습니다. 이 초청에 응한 우리는 이제 그 안식을 누리는 사람입니다.

십계명의 4계명은 "안식일을 지키라"고 했습니다. 그런데 이 계명은 우리 주 예수 그리스도가 다 지켰습니다. 그 율법을 다 지키시고 한 몸에 저주를 받으셨습니다. 우리 주 예수 그리스도가 율법을 완성하셨습니다. 인간은 율법을 지켜서 절대 완성할 수 없습니다. 율법의 완성은 죽어야 되는 것입니다. 저주를 받아 죽어야 완성되는 것입니다.

이 일을 누가 했습니까? 공자가 했습니까? 석가가 했습니까? 그들은 우리를 위하여 저주를 받아 십자가에 못 박혀 죽지 않았습니다. 우리를 위하여 저주를 받아 십자가에 못 박혀 죽으신 분은 우리 주 예수 그리스도 밖에 없습니다. 천하에 다른 이름을 우리에게 주신 일이 없습니다.

우리 주 예수 그리스도는 우리를 위하여 저주를 받으시고 십자가에 못 박혀 죽으셨습니다. 무덤에 묻히셨다가 그 죽음의 무덤 문을 깨뜨리고 살아나셨습니다. 예수를 그리스도 믿는 그리스도인인 우리는 저주에서 해방되었습니다.

무덤에서 해방되었습니다.

어둠과 죽음에서 해방되었습니다.

마귀와 지옥에서 행방되었습니다.

그리스도인은 진정한 자유인입니다. "진리를 알지니 진리가 너희를 자유케 하리라." 진리를 아는 우리 그리스도인은 자유인입니다.

사랑하는 그리스도인 여러분, 우리는 믿음으로 우리 주 예수 그리스도의 자유와 평화를 누려야 합니다. 형제와 자매의 자유를 속박하지 마십시오!

형제와 자매를 화나게 하거나 마음 아프게 하지 마십시오!

서로 사랑으로 인정하고 칭찬하며, 자랑하고 권면하며, 격려하고 만져주며, 위로하고 감싸주며, 안아주고 도와주며, 이해하고 수용하며, 사랑으로 용서하며 희망을 주고, 용기를 주어 자유와 평화를 누리며 강하고 담대히 살게 합시다. 참 자유는 사랑으로 종노릇 하는 것입니다. 진정한 자유는 말씀 안에 있습니다.

## 4. 안식 후 첫날, 주일

안식일은 밤으로 시작하여 다음 날 밤까지입니다. 금요일 여섯시에 시작하여 토요일 여섯시까지입니다. 구약의 하루는 저녁으로 시작하여 아침으로 마칩니다. 동양 사람들은 아침으로 시작하여 저녁으로 마칩니다. 이것이 하루입니다.

그러나 안식 후 첫날은 새벽으로 시작하여 마침이 없이 계속 됩니다. "새벽이 되며 저녁이 되니 이는 안식일이니라"라는 말씀이 성경에는 없습니다. 안식은 첫날부터 계속 됩니다. 우리 주 예수 그리스도께서 재림하실 때까지 계속 됩니다. 우리가 죽을 때까지 계속 되고 천국에서도 계속 됩니다.

우리 주 예수 그리스도는 안식일의 주인입니다. 우리 주 예수 그리스도는 세상의 빛으로 오셨습니다. 생명의 빛으로 오셨습니다.

그러므로 그 분에게는 어두움이 없습니다. 언제나 빛이요 생명입니다.

예수를 그리스도로 믿는 그리스도인들에게는 주일만 주의 날이 아닙니다. 월 화 수 목 금 토 모든 날이 주의 날입니다. 그러므로 주일에만 예배드리는 날이 아닙니다. 월 화 수 목 금 토 모두 예배드리는 날입니다. 1월 2월 3월 4월 5월 6월 7월 8월 9월 10월 11월 12월 모두 주의 달입니다. 그리고 그리스도인인의 평생도 주의 평생입니다. 그러므로 우리는 주님과 함께 먹고 마시며 살아야 합니다.

우리는 주님의 안식을 누리며 주님을 누려야 합니다. 예수 생명과 능력, 사랑과 은혜, 긍휼과 인자, 자유와 평화, 기쁨과 안식, 평강과 승리, 위로와 부요, 구원과 영생을 누리며 살아야 합니다. 우리는 우리 주 예수 그리스도의 죽음과 부활을 누리며, 우리 주 예수 그리스도를 위하여 존재해야 합니다.

모든 사람은 안식을 누리며 살기를 원합니다. 물을 떠난 고기가 살 수 없고, 땅에서 뽑힌 나무가 살 수 없듯이 하나님을 떠난 사람 또한 살 수 없습니다. 우리는 절대 하나님의 사랑과 은혜로 살아왔고 살고 있으며 살아가고 있습니다.

우리는 하나님의 은혜로 삽니다.
① 여호와께서 우리 집을 세워주시고, ② 여호와께서 우리가 수고한대로 열매를 맺게 해주시며, ③ 여호와께서 우리 집을 지켜 주시고, ④ 여호와께서 우리에 잠을 잘 자게 해주시며, ⑤ 여호와께서 우리 자녀가 잘 되게 해주시고, ⑥ 여호와께서 우리가 수치를 당하지 않고 영광스런 집이 되게 해주셔야 우리가 안식을 누리며 삽니다 (시 127:1-5)

성전에 올라가다 이런 복을 받습니다(.시 84:5-7)

① 주께 힘을 얻고, ② 눈물골짜기가 샘이 되며, ③ 이른 비와 늦은 비의 은택을 얻고, ④ 힘을 얻고 더 얻습니다.

성전에 올라가서는 이런 복을 받습니다.(시 84:8-13)

① 기도의 응답을 받고, ② 성전에서 행복을 얻으며, ③ 은혜와 영화를 누리고, ④ 좋은 것을 받아 누립니다.

주일은 주의 날로 즐거워야합니다(계 1:10-11)

주일은 거룩한 날로 즐거워야합니다(출 31:12-17)

주일은 예배드리는 날로 즐거워야합니다(창 2:2-3)

주일은 안식하는 날로 즐거워야합니다(신 5:15)

주일은 회복하는 날로 즐거워야합니다(막 2:28)

주일은 복된 날로 즐거워야합니다.

주일을 지키면 젖과 꿀이 흐르는 가나안을 정복하고 다스리는 복을 받습니다.

# 십자가 학교에서의 40일

## – '십자가의 도'를 배우는 묵상기記

1판 인쇄일  2018년 1월 25일
1쇄 발행일  2018년 1월 30일

지은이 _ 김평수
발행인 _ 김수곤
발행처 _ 도서출판 선교횃불
등록일 _ 1999년 9월 21일 제 54호
　　　　전화 : (02)2203-2739
　　　　팩스 : (02)2203-2738
등록처 _ 서울 송파구 백제고분로 27길 12(삼전동)
이메일 _ ccm2you@gmail.com
홈페이지 _ www.ccm2u.com

값  12,000 원

ISBN 978-89-5546-400-9    03230